Zehetmair/Zöpfl (Hrsg.)
Heimat heute

rosenheimer
raritäten

Heimat heute

Herausgegeben von
Hans Zehetmair und Helmut Zöpfl

rosenheimer

 ISBN 3-475-52616-6

Dieses Buch erscheint in der Reihe „Rosenheimer Raritäten" im Rosenheimer Verlagshaus Alfred Förg GmbH & Co. KG, Rosenheim. Es wurde gesetzt von Fertigsatz, München, gedruckt und gebunden von Kösel in Kempten.
Den Umschlag gestaltete Herbert Stelzer, München.

Inhalt

Zu diesem Buch

Heimat – ein veraltetes Wort? Was ist Heimat im Zeitalter der Raumfähren, der Wochenendflüge von Europa nach New York, der gesichtslosen Neubauviertel in unseren Großstädten? Geht es da nicht um die Beschwörung des längst Vergangenen, um Hirngespinste der Ewig-Gestrigen, um klägliche Wiederbelebungsversuche einiger Romantiker, die immer noch nicht wahrhaben wollen, daß es Heimat nicht mehr gibt?

Im Gegenteil. Heimat ist lebendig, allen Unkenrufen, Schwarzsehern und Miesmachern zum Trotz. Die in der Bayerischen Verfassung genannte Liebe zur bayerischen Heimat ist keine Leerformel geworden, sie hat sich gerade in den letzten Jahren mit neuem Leben gefüllt. Vielfalt ist dabei angesagt und Ernsthaftigkeit, nicht die Oberflächlichkeit einer Folklore der ausgestopften Wadlstrümpf'. Heimat ist Vergangenheit und Gegenwart, sie ist aber auch Zukunft, sie hat Zukunft.

Als das Bayerische Kultusministerium Anfang 1986 ein Schreiben an alle bayerischen Lehrer und Lehrerinnen richtete, in dem es bat, das Thema „Heimat bewußt erleben" zu einem Schwerpunkt des Schuljahres 1987/88 zu machen, wurde dieser Vorstoß von einigen belächelt, ja, sogar angegriffen. Doch manch intellektueller Hochmut, manch scheinbar weltmännische Arroganz verschwand bald – als nämlich deutlich wurde, daß das Thema „Heimat" in den bayerischen Schulen nicht nur als lästige Pflichtübung an-, sondern allgemein mit Begeisterung und großem Engagement aufgenommen wurde und in vielen Aktionen für die Schüler zu einem Erlebnis werden konnte. Schon Ende 1987 wurde eine Verlängerung angeregt, und so hat das schulische Schwerpunktthema auch im Schuljahr 1988/89 dazu beigetragen, daß Heimat für die bayerischen Schüler, für ihre Lehrer, ihre Eltern und für eine breitere Öffentlichkeit in unserem Freistaat und darüber hinaus einen neuen Wert erhalten hat. Eine ganze Reihe von Schulen aller Schularten konnte dafür ausgezeichnet werden, daß sie das Thema in vorbildlicher Weise behandelt haben.

Für ihre Mitarbeit zu danken haben wir dem Bayerischen Ministerpräsidenten Max Streibl, dem Vorsitzenden der Bayerischen Bischofskonferenz, Friedrich Kardinal Wetter, und dem Stellvertreter des Landesbischofs der Evangelisch-Lutherischen Kirche in Bayern, Oberkirchenrat Theodor Glaser. Ein nicht weniger herzliches Dankeschön gilt auch Horst Bienek, Walter Flemmer, Alois Glück, Monika Hanes, Golo Mann, Hellmuth Matiasek, Paul Ernst Rattelmüller, Godehard Schramm, Wladimir Woinowitsch und der auf eigenen Wunsch hin anonym gebliebenen türkischen Abiturientin.

Den Lesern dieser Textsammlung wünschen wir, daß sie sich in manchem Gedanken wiederfinden, aber auch neue oder ihnen bisher weniger vertraute Sehweisen kennenlernen, auf jeden Fall aber ihre Heimat zu einem ganz persönlichen Erlebnis werden lassen.

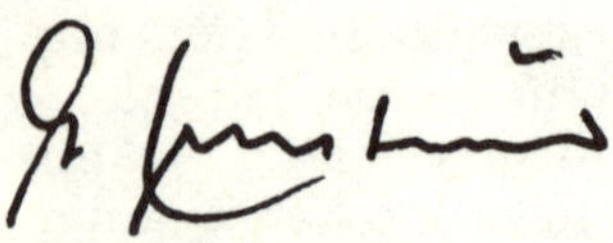

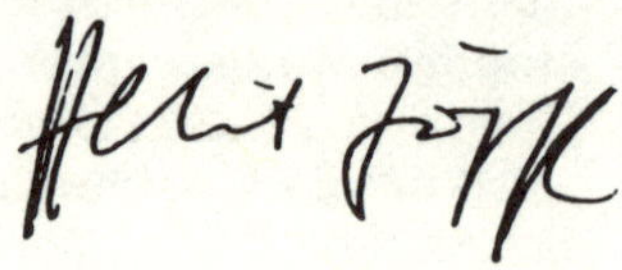

(Hans Zehetmair) (Helmut Zöpfl)

Hans Zehetmair

Heimat heute

Bestandsaufnahme

„Der Mensch muß eine Heimat haben." Dieser schlichte Satz stammt von keinem Geringeren als dem großen Europäer Robert Schuman. Er sprach ihn wenige Monate vor seinem Tod als ein Fazit seiner politischen Erfahrungen.

Liegt darin nicht ein Widerspruch? Ein Mann, der zu den Wegbereitern der europäischen Einigung gehört, beruft sich auf die Heimat, jenen begrenzten Bereich, der eigentlich im Gegensatz steht zur Weite der europäischen Vision. Darüber hinaus ist Heimat für viele Deutsche ein schillernder Begriff, mit dem umzugehen so manchem schwerfällt. Es gibt in unserer Sprache wohl nur wenige Wörter, die so gepflegt und mißbraucht, so verherrlicht und gedemütigt, verdrängt und wiederentdeckt worden sind wie Heimat. Es ist ein Begriff, hinter dem sich viel verstecken läßt, der leicht zu einem Überschwang an Emotionen und Gefühlen verführen kann, ein Begriff, der nicht zuletzt von ganz persönlichen Eindrücken und Erfahrungen geprägt wird. Heimat zählt zum Subjektivsten im Leben eines Menschen. Kein Wunder also, daß sich deshalb mit Heimat ganz unterschiedliche, ja gegensätzliche Vorstellungen verbinden.

Das Blättern in Verbandsorganen von Heimat-, Volkstums- und Trachtenverbänden oder auch ein Blick in heimatkundliche Literatur fördert ein unübersehbares, buntes Angebot von Definitionsversuchen zutage, beginnend bei treuherzigen Aussprüchen schlichter Dorfpoeten – Beispiel: „Wenn wir Deutsche Heimat sagen, so wallt es warm, strahlt es sonnig übers Gemüt ..." bis hin zu der mittlerweile zum Kalenderspruch denaturierten Aussage des Philosophen Karl Jaspers, wonach „Heimat dort (ist), wo ich verstehe und verstanden werde".

Die Bedeutungsvielfalt von Heimat wird daran deutlich, daß mit diesem Begriff auf der einen Seite Dinge assoziiert werden wie Enge, Abgrenzung, Provinzialismus, Intoleranz. Der Schriftsteller Martin Walser hat diese Sicht von Heimat auf den Nenner gebracht: „Heimat, das ist der schönste Name für Zurückgebliebenheit."

Nun mag eine distanzierte, auch ablehnende Haltung zur Heimat durchaus verständlich sein, wenn mit ihr Enttäuschungen und bittere Erfahrungen verbunden sind. Nur sollte man schon aus Gründen der Wahrhaftigkeit nicht so tun, als ob Glück und Fortschritt alleine in der Ferne zu finden seien. Hier erscheint die Aussage von François Mauriac, Mitglied der Académie Française und Nobelpreisträger, in der er sein anscheinend nicht besonders herzliches Verhältnis zu seiner Heimat ausdrückte, schon ehrlicher: „Ich weiß nicht, ob ich dich hasse oder liebe, aber ich weiß, daß ich Dir alles verdanke."

Eine andere Sicht von Heimat ist wiederum mit Werten wie Harmonie, Sicherheit, Vertrautheit, Geborgenheit verbunden. Kennzeichnend hierfür ist etwa die Definition von Siegfried Lenz in seinem Roman „Heimatmuseum": „Heimat ist der Platz, an dem man aufgehoben ist, in der Sprache, im Gefühl, ja selbst im Schweigen."

Die besondere Schwierigkeit, in der heutigen Zeit Heimat zu definieren, resultiert aus den Widersprüchlichkeiten, in denen der gegenwärtige Mensch lebt, aus der Zerrissenheit und den Diskrepanzen, in die er gestellt ist, die er aushalten und bewältigen muß. Bei existentialistischen Philosophen wird insoweit von der „Geworfenheit" (Heidegger) und „Unbehaustheit" (Holthusen) des Menschen gesprochen. Literarisch verarbeitet hat diese Situation des Menschen z.B. Albert Camus in einem seiner frühen Meisterwerke. In der 1942 entstandenen Erzählung „Der Fremde" schildert er in kristallener Härte und Klarheit die Geschichte eines jungen Franzosen, der ohne Heimat, Bindung und Orientierung, ohne Geborgenheit und Mitmenschlichkeit in den Tag hinein lebt, bis er aus völlig belanglosen Gründen kaltblütig einen Menschen tötet. Aus seiner

Sicht hat er damit nichts Besonderes getan, nur seinen augenblicklichen Gefühlen freien Lauf gelassen. Der Mord ist für den jungen Mann ein Ereignis, wie es viele andere auch im Tagesablauf gibt. Er nimmt die Situation als gegeben und damit als unabänderlich hin.

Was Camus in seiner Erzählung literarisch aufarbeitet, ist im Grunde symptomatisch für den heutigen Menschen. Auch ihm fehlen oft Orientierung, Kraft und der Wille zur Selbstverwirklichung, er lebt sein Leben ziellos und oft auch hilflos dahin. Die Entscheidungen nehmen ihm die zahlreichen anonymen und von ihm nicht beeinflußbaren Kräfte ab; der Zeitgeist entmündigt ihn, seine Situation ist für ihn unabänderlich gegeben. Der Mensch von heute ist zum Heimatlosen in der Heimat geworden.

Das Mißverhältnis zwischen der Außen- und Innenwelt des Menschen, also zwischen der Realität seiner konkreten Lebens- und Arbeitswelt und seiner inneren Sehnsucht nach Selbstbestimmung, Autonomie, Überschaubarkeit und Geborgenheit, ist das Spannungsfeld, in dem heute Heimat definiert werden muß und das ihre Definition so schwierig macht. Diesem Spannungsfeld dürfen wir aber nicht ausweichen, denn nicht eine emotionale Verkleisterung des Problems, sondern nur eine nüchterne, aufrichtige rationale Behandlung auch der aufgezeigten Schwierigkeiten kann zu jener Glaubwürdigkeit führen, die Voraussetzung dafür ist, daß – was wir alle anstreben – eine positive Sicht von Heimat entsteht, und daß die mit diesem Begriff verbundenen Werte auch von den in unsere hochtechnisierte Zivilisation hineinwachsenden Kindern und Jugendlichen akzeptiert werden können.

Heimat in der Pädagogik

Damit ist ein ganz bedeutender Aspekt unseres Themas angesprochen. Die Heimat, der überschaubare Lebensraum des Schülers, war für die Pädagogen der verschiedensten Epochen Unterrichtsinhalt und Erziehungsmittel zugleich. Wir erinnern uns noch an das allgemein beliebte Fach „Heimatkunde“, das bis 1971 in den ersten vier Klassen der Volksschule den Unterricht bestimmte. Inzwischen ist das Fach nach notwendigen Korrekturen, aber auch Irrwegen, zur „Heimat- und Sachkunde“ in der Grundschule geworden. Für alle Jahrgangsstufen und Schularten ist Heimat nach wie vor Unterrichtsprinzip, d.h., in allen Unterrichtsfächern sollen dort, wo es sich anbietet, Bezüge zur heimatlichen Region hergestellt werden.

Es war der Philosoph und Pädagoge Eduard Spranger, der als erster versucht hat, die Bedeutung der Heimat bzw. der Heimatkunde für die Erziehung des jungen Menschen wissenschaftlich zu beschreiben. In seinem über viele Jahrzehnte hinaus richtungweisenden Vortrag aus dem Jahre 1923, „Der Bildungswert der Heimatkunde“, bezeichnet er die Heimat als jenen Ort, an dem uns die Dinge unserer Welt zum erstenmal „gedeutet“ worden sind. Deshalb ist sie und bleibt sie für uns auch „bedeutungsvoll“. Für die Schule liegt der Bildungswert der Heimatkunde darin, daß sie die „abstrakte“ Fächerung des Unterrichts – Ausdruck der „Zersplitterung“ unseres Wissensstandes – überwindet und die Verflechtung der Wirklichkeit, ihre Ganzheit darstellt. „Wissenschaftliche Heimatkunde ist das geordnete Wissen um das Verbundensein des Menschen in allen seinen naturhaften und geistigen Lebensbeziehungen zu einem besonderen Fleck Erde, der für ihn Geburtsort oder mindestens dauernder Wohnplatz ist.“ Mit Heimat verbindet Spranger Geborgenheit und Orientierung, in der der Mensch seine personale Identität findet. „Der Kern des Heimatlebens ist das Gefühl der Geborgenheit, das im schroffesten Gegensatz steht zu der Geworfenheit im Sinne Heideggers.“

Als im Jahr 1933 die Nationalsozialisten an die Macht kamen, wurde, wie vieles andere auch, der Begriff Heimat ideologisch vereinnahmt und von den neuen Machthabern für ihre verbrecherischen Zwecke mißbraucht: Heimat mußte herhalten für die Begründung des „Blut- und Boden-Mythos“; die dem Begriff damals zugefügten Wunden sind bis heute noch nicht verheilt.

Nach der Katastrophe des Zweiten Weltkrieges erhielt er einen neuen Aspekt. Für Millionen von Menschen – Flüchtlinge und Vertriebene – war mit Heimat lange Zeit, oft bis an das Lebensende, das schmerzhafte

Erlebnis des Verlustes, die sehnsüchtige Erinnerung, unlösbar verbunden.

Aber auch die Schule stand vor einer veränderten Situation. Nach zwölf Jahren Nationalsozialismus blieb nichts anderes übrig, als an die Pädagogik vor 1933 anzuknüpfen. Das bedeutete speziell für die ersten vier Klassen der Volksschule, daß die seit dem 19. Jahrhundert dominierende Heimatkunde weiterhin das zentrale Unterrichtsfach blieb. Nun hatte man damals andere Sorgen, als sich intensiv grundsätzlichen theoretischen Problemen von Bildung und Erziehung zu widmen; im Mittelpunkt pädagogischen Bemühens standen vornehmlich methodische Fragen der Unterrichtsgestaltung.

Mit zunehmendem wirtschaftlichem Aufstieg und Wohlstand wurde aber die Kritik an der Heimatkunde immer lauter. Schließlich beklagte man ganz offen den desolaten Zustand des Heimatkundeunterrichts, der u.a. zu gemütvoll erteilt werde, den geschichtlichen Aspekt überbetone, die übrigen Fächer vernachlässige und aus der räumlichen Enge des Schulortes ein verkürztes Bild der Welt vermittle. Diese Vorwürfe mochten zutreffen, dennoch muß man der Heimatkunde zugestehen, daß sie sich mit ihren Unterrichtsprinzipien wie Anschauung, Lebensnähe und Entwicklungsgemäßheit an den Bedürfnissen der Kinder orientierte – Forderungen an den Unterricht, die nach wie vor aktuell sind. Vor diesem Hintergrund wäre es ungerecht, der damaligen Heimatkunde Provinzialität vorzuwerfen; das könne nur „im Sinne einer anklagenden, selbstgerechten Verengung“ geschehen, „nicht in dem guten Sinn, daß man über das wirkliche Leben auch der engeren Heimat“ etwas erfährt, meinte einmal Golo Mann.

In den sechziger Jahren setzte die große Bildungsreform ein, zu der wir heute nicht nur zeitlich Abstand gewonnen haben, verbunden mit einer ungeheuren Bildungseuphorie. Sie erfaßte auch die Grundschule. Bildungspolitiker und Pädagogen waren sich weitgehend einig, daß auch der Unterricht an der Grundschule den wissenschaftlichen und gesellschaftlichen Erfordernissen der Zeit angepaßt werden müßte, um die Lernfähigkeit des Kindes frühzeitig und optimal zu fördern.

Was die meisten Länder der Bundesrepublik Deutschland schon Jahre zuvor vollzogen hatten, folgte in Bayern mit Beginn des Schuljahres 1971/72: Mit dem neuen Lehrplan für die Grundschule wurde anstelle der Heimatkunde der Sachunterricht eingeführt; er gliederte sich in die fachlichen Bereiche Sozial- und Wirtschaftslehre, Geschichte, Erdkunde, Biologie und Physik/Chemie. Für Heimat war kein Platz mehr, das Wort selbst kam im Lehrplan nicht mehr vor; dafür wurden nun, wie sich bald herausstellte, die Naturwissenschaften im Unterricht überbetont. Hinzu kam, daß die Ansprüche des Sachunterrichts oft nicht mehr kindgemäß waren und durch eine mißverstandene Propädeutik über ein vertretbares Maß hinaus überzogen wurden, indem man unbedenklich Lernziele aus der Hauptschule in die Grundschule herunterholte.

In Bayern hat man rasch erkannt, daß mit dieser Reform das Kind mit dem Bade ausgeschüttet worden war. Schon mit Beginn des Schuljahres 1974/75 wurde die Sachkunde in „Heimat- und Sachkunde" umbenannt. Diese begriffliche Erweiterung sollte die Bedeutung der Heimat für den Unterricht in der Grundschule ausdrücklich hervorheben. Zugleich waren die Lehrpläne durch Lerninhalte aus dem „heimatlichen Erfahrungsraum und dem Lebenskreis der Schüler" zu ergänzen. Diese Maßnahmen zeigten, daß mit der Umbenennung weder die Rückkehr zur „klassischen" Heimatkunde noch ein „Etikettenschwindel" für ein Unterrichtsfach verbunden war. Vielmehr bedeutete diese Maßnahme eine zeitgemäße Rückbesinnung auf teilweise vergessene, aber unverzichtbare Werte der Heimat für die Erziehung des jungen Menschen. Einen Abschluß fand diese Entwicklung mit dem 1982 in Kraft getretenen Lehrplan für die bayerische Grundschule, in dem die Heimat den ihr zustehenden Platz endgültig wiedergefunden hat und der wegen seiner kind- und zeitgemäßen Gestaltung weithin anerkannt ist.

Heimat bewußt erleben

Heute darf also wieder offen von Heimat gesprochen werden, ja, besonders die Jugend hat die Heimat in ihrer Vielfalt, mit ihrer Schönheit und auch mit ihren Problemen wiederentdeckt. Diese Impulse hat die CSU-Landtagsfraktion in ihrem bildungspolitischen Positionspapier „Erfolg in der Schule – Freude an der Schule“ aufgenommen. Unter Punkt 8 heißt es:

„Heimat bewußt erleben

Man muß erst einmal die nähere Heimat kennenlernen, bevor man in die Weite geht. Nicht ‚Je ferner, desto besser!‘, sondern ‚Vom Nahen zum Fernen‘, ‚Vom Bekannten zum Unbekannten‘ sind unumstrittene pädagogische Grundsätze.

Die Heimat erleben zu lassen, ist nicht nur eine Aufgabe der Grundschule; in allen Schularten ist der enge Bezug zur Heimat zu wahren und zu pflegen.

Die Schüler sind zwar zur Weltoffenheit zu erziehen, jedoch beginnt das Verständnis der Welt beim Kennen und Verstehen des persönlichen und engeren Lebensbereiches.“

„Heimat bewußt erleben“ habe ich in den Schuljahren 1987/88 und 1988/89 allen bayerischen Schulen als Schwerpunktthema gesetzt. Es war Impuls für vielfältige Aktivitäten: Altes Brauchtum wurde neu entdeckt, lange Zeit kaum beachtete Denkmäler wurden aus dem „Dornröschenschlaf“ geweckt und bisher mehr oder weniger stumme Zeugen der Vergangenheit zum Reden gebracht. Aber auch Gegenwart und Zukunft der Heimat kamen zu ihrem Recht. Natur und Umwelt der engeren Heimat rückten ins Blickfeld, die heimatliche Wirtschaft und ihre Bedeutung für den Heimatraum wurden, von manchem vielleicht zum erstenmal, bewußt zur Kenntnis genommen. Im zweiten Jahr erfuhr das Schwerpunktthema eine Ausweitung auf die Vielfalt kommunalpolitischer Fragestellungen. Es kam darauf an, den Schülern die Mitverantwortung jedes einzelnen Bürgers für die eigene Heimat zu verdeutlichen und ihnen aufzuzeigen, daß sie und wie sie in diese Verantwortung hineinwachsen. Dem Engagement der Schüler und der Lehrer, der tatkräftigen Unterstützung von außerhalb der Schule und dem Interesse der Öffentlichkeit ist es zu verdanken, daß das Schwerpunktthema „Heimat bewußt erleben“ zu einem Erfolgsthema geworden ist.

Heimat – zeitgemäß und umfassend gesehen

Die Beispiele aus der Schule deuten schon an, wie Heimat heute gesehen werden sollte: Es geht darum, den Begriff aus der Gegenwart heraus zu bestimmen. Gerade weil das Wort nach wie vor stark emotional besetzt ist – diese Feststellung ist keine negative Bewertung –, sollte man einen möglichst rationalen Zugang suchen, um gegen sentimentale Überwucherung und Verfälschung gefeit zu sein.

Wir müssen deshalb einer Verengung des Heimatbegriffs einen umfassenden entgegensetzen, in dem die Schönheit unserer Heimat genauso ihren Platz hat wie ihre Gefährdung, die Vergangenheit ebenso wie die Zukunft, Tradition ebenso wie Fortschritt, Kultur ebenso wie Natur- und Umweltschutz. Vor allem sollte aber deutlich werden, daß die Erhaltung und Pflege der eigenen Heimat mehr ist, als Parolen zu verbreiten und Forderungen an andere zu stellen.

In diesem Sinne hat Heimat im wesentlichen drei Bedeutungsebenen: eine materielle, eine kulturgeschichtliche und eine soziale.

Meine Heimat, das ist der Ort, aus dem ich komme, dessen Sprache, die Mundart, ich spreche, das ist die Natur in der Region meiner Kindheit im Wechsel der Jahreszeiten, damals und heute. Das sind Antworten auf die Fragen nach dem Woher und dem Wohin. Zur Heimat gehören Kirchen und Häuser, architektonische Alltäglichkeiten ebenso wie die Besonderheiten. Heimat, das sind Stadt und Land, der Klang der Glocken, die Stimme der Eltern, der Verwandten, Freunde, Bekannten und die der Lehrer und des Pfarrers. Das sind Lebensläufe, das Beobachten und Mitempfinden von Glück und Unglück, Feste und Bräuche, das Kirchenjahr. Heimat, das sind auch bleibende Regeln und rasante Veränderungen, Abbruch und Aufbau, die Verwandlung des Feldwegs in eine Straße, des städtischen Zentrums zunächst in eine autogerechte, dann in eine fußgängergerechte Zone. Heimat sind nicht nur die Sonnenseiten, sondern auch die handfesten Probleme.

Gerade in der gegenwärtigen Zeit der freiwilligen oder auch unfreiwilligen Mobilität – man denke an die

Notwendigkeit für viele Menschen in den Gebieten mit geringerer Zahl von Arbeitsplätzen, sich anderswo nach Arbeit und Erwerbsmöglichkeiten umzuschauen – erscheint ein weiterer Aspekt als besonders wichtig: Heimat muß so weit verstanden werden, daß darunter auch die Möglichkeit fällt, sich eine Heimat neu zu schaffen, eine Heimat zu er-leben; Heimat darf also nicht auf den Erlebnisraum eingeschränkt werden, den man durch Geburt und Kindheit erwirbt.

Schließlich sollte noch eines bedacht werden: Der Begriff Heimat wird auch heute noch in erster Linie mit der Vorstellung des Ländlich-bäuerlichen verknüpft. Die Realität ist aber so, daß ein Großteil der Menschen in unserem Land inzwischen in Städten lebt. Heimat kann deshalb kein Privileg des in einem Dreihundert-Seelen-Dorf heranwachsenden Menschen sein, Heimat muß auch für den in der Stadt – auch in der industriell geprägten Großstadt – Heranwachsenden möglich sein. Das Verständnis von Heimat bezieht sich also nicht in erster Linie auf den sichtbaren und überschaubaren äußeren Lebensraum, sondern mehr auf Erlebbares und Erfahrbares, auf menschliche Beziehungen und Bindungen, das soziale, kulturelle und berufliche Umfeld.

Heimat in diesem umfassenden Sinn verstanden, müßte gerade für den modernen Menschen von großer Bedeutung sein. In unserer Industrie- und Leistungsgesellschaft sind Bodenständigkeit, Seßhaftigkeit und Herkommen – eigentlich alles eher ursprüngliche Elemente von Heimat – der Anpassungsfähigkeit, der Mobilität und dem Leistungsdenken gewichen. Je mehr die Leistungsgesellschaft zunimmt, desto mehr wächst der Wunsch nach einer Kontrastgesellschaft, nach einer Lebenssphäre, die wir kaum anders und besser bezeichnen können als eben mit „Heimat". Im Staatslexikon der Görres-Gesellschaft heißt es dazu: „Im Verlangen nach Beständigkeit und sozialer Identität erweist sich Heimat als menschliches Grundbedürfnis, dessen Erfüllung auf einen konkret erlebbaren Raum angewiesen ist". Heimat ist demnach eine „anthropologische Konstante", die in der Natur des Menschen liegt, die vielleicht beim einen oder anderen in unterschiedlicher Intensität vorhanden ist, zeitweilig beim Einzelnen oder einer ganzen Gesellschaft mehr oder weniger verschüttet oder unterdrückt werden kann, die letztlich aber immer wieder zum Durchbruch kommt. Freilich muß diesem Grundbedürfnis des Menschen, der jeweiligen Situation und den jeweiligen Umständen entsprechend, in verschiedener Weise Rechnung getragen werden. Heimat darf also nicht einfach die „alte Heimat“ bleiben, sie muß vielmehr jeweils neu Heimat werden.

Daraus lassen sich zwei Bedingungen ableiten, die nötig sind, um Heimat heute zu ermöglichen:

- Zum einen darf Heimat nicht lediglich rückwärts gewandt bleiben. Im Gegenteil: Wir bleiben unseren Vorfahren nur treu, wenn wir uns nicht bloß als Nachkommen, sondern gleichfalls als Vorfahren späterer Generationen verstehen und damit Heimat auch auf Zukunft hin öffnen. So wird das Wort verständlich: „Wir haben die Erde nicht von unseren Eltern geerbt; wir haben sie von unseren Kindern geliehen“. Darum bedeutet Heimat: sich im Heute jeweils schöpferisch einrichten, und zwar in Beständigkeit und nicht bloß in Anpassung. Es gilt, das Beste aus gegebener Lage zu machen und daher die Lage nicht einfach als Schicksal hinzunehmen, sondern schöpferisch so zu gestalten, daß sie nicht nur zur äußeren Situation, sondern zur Heimat wird. Weniger denn je können wir bei der Heimat stehenbleiben, sondern müssen wir Heimat auf den Weg in die Zukunft nehmen.
- Zum anderen ist Heimat heute weniger orts- und mehr personenbezogen. Heimat ist in unserer Zeit nicht mehr allein der ländliche Ort, sondern der Horizont, der unsere Heimat eingrenzt. Heimat sind mehr die Menschen, mit denen wir nicht nur zusammenleben und zusammenwirken, sondern in deren Herzen wir daheim sind. Stärker als früher gründet Heimat in der Kultur des Zusammenlebens.

Die Bedeutsamkeit von Heimat heute wird jedoch nicht allein vom Einzelmenschen her gesehen, sie läßt sich auch von einem eher soziologischen oder gesellschaftspolitischen Ansatz her begründen: Für das Zusammenleben von Menschen in einem Staat genügt es gerade auch in einer Demokratie unserer Prägung nicht, daß einige äußere Spielregeln, wie z.B. das Mehrheitsprinzip, allgemein anerkannt werden. Vielmehr ist es notwendig – soll das Zusammenleben funktionieren und soll es dabei human zugehen –, daß einige grundlegende Werte von allen anerkannt und gewisse Bindungen von allen akzeptiert werden. Eine dieser Bindungen, die zum notwendigen Zusammenhalt einer staatlichen Gemeinschaft beitragen, ist die Heimatliebe, wie sie auch die Bayerische Verfassung (Art. 131 Abs. 3) fordert: „Die Schüler sind im Geiste der Demokratie, in der Liebe zur bayerischen Heimat und zum deutschen Volk und im Sinne der Völkerversöhnung zu erziehen.“

Heimatliebe in diesem Sinne hat nichts zu tun mit provinzieller Heimattümelei auf der einen Seite oder selbstherrlichem Nationalismus auf der anderen Seite. Beides sind extreme Auswüchse, vor denen wir uns mit kritischer Wachsamkeit hüten müssen. Doch die Tatsache, daß mit diesen Werten Mißbrauch getrieben wurde und wird, rechtfertigt es keinesfalls, die „Liebe zur bayerischen Heimat und zum deutschen Volk“ als Bildungsziel und als verfassungsmäßig verankerten Grundwert für überholt anzusehen und als unzeitgemäß abzutun.

Ein rechtverstandenes Heimatbewußtsein weist über die Heimat im engeren Sinne hinaus. Es fühlt sich eingebunden in das eigene Vaterland und in die Gemeinschaft der Völker. Das Bewußtsein einer gemeinsamen abendländischen Tradition ist der Rahmen, in den auch die Liebe zur eigenen Heimat gestellt ist und in dem der Europagedanke sich entwickeln und ausbreiten kann. So ist auch der eingangs zitierte Satz von Robert Schuman zu verstehen. Man muß die Heimat nicht überwinden, um weltoffen zu sein. Nur wer seine Heimat kennt, kann seinen Standpunkt in Europa finden. Bewußt erlebte Heimat ist eine wesentliche Voraussetzung, daß uns die bestehende Vielfalt auch im vereinigten Europa erhalten, eine kulturlose, zentralistisch gesteuerte Gesellschaft erspart bleibt. Es ist darüber hinaus eine gute Grundlage für die Bereitschaft zur Verständigung unter allen Völkern. Wer den Wert der eigenen Heimat erkannt hat, wird auch die Liebe des anderen zu seiner Heimat verstehen und akzeptieren, denn die Respektierung des Rechts auf Heimat bei allen Menschen gehört zu den Voraussetzungen für den Frieden unter den Völkern.

Max Streibl

Unsere Heimat – menschlich und modern

Den Menschen zählen die Verhaltensforscher zu den sogenannten „Nesthockern“, die sich erst spät und zäh vom Ort ihrer Geburt und der ersten Kindheitserfahrungen trennen und geistig-seelisch meist lebenslang mit ihm verbunden bleiben. Als einziges Lebewesen erfährt und erkennt der Mensch die beiden Koordinaten des Daseins: Raum und Zeit. Nur er ist fähig zu erkenntniserweiternder Rückschau, zu besorgter Vorschau und Planung, zur geometrischen und geographischen Erfassung und zu zweckgerichteter Gestaltung seiner Umwelt.

Bis zur Zeit der Romantik war die Verbundenheit mit der engeren Umwelt, der Heimat, eine Selbstverständlichkeit. Sieht man etwa von der Ostkolonisation und den ersten, politisch und religiös bedingten Auswanderungswellen nach Übersee ab, so hatten die allermeisten Menschen bis zum Ende des 18. Jahrhunderts gar keine Alternative. Sie lebten und starben dort, wo sie geboren waren. Wer seinen Wohnsitz wechselte, ging meist nur ins nächste Dorf, vielleicht noch in die nächste Stadt, nur unter starkem politischem, wirtschaftlichem oder religiösem Druck verließ er seine Heimat und ließ sich Hunderte oder gar Tausende von Kilometern entfernt davon nieder, so z. B. die durch Realteilung verarmten schwäbischen Bauernsöhne.

Vor Erfindung der modernen Verkehrsmittel erlaubte die geringe Mobilität den meisten Menschen keine andere Lebenserfahrung als die in der überschaubaren heimatlichen Region erworbene. Reisen war beschwerlich, gefährlich und sehr teuer. Nur wenigen besonders Wagemutigen, Abenteuerlustigen oder Erkenntnishungrigen gelang es, sich die Gelegenheit zum Vergleich ihrer engeren Heimat mit anderen Ländern, Kulturen und Völkern mühsam zu verschaffen.

Den Daheimgebliebenen war die große Welt auch die große Unbekannte, von der man höchstens aus meist ungenauen Erlebnisberichten und Beschreibungen eine vage Vorstellung gewann.

So sind im Laufe der Jahrhunderte unter den Bedingungen beinahe allgemeiner Immobilität Tradition, Herkommen, Brauchtum und Heimatliebe zu Selbstverständlichkeiten geworden.

Wissenschaftlich und literarisch verfremdet werden sie erst in der Romantik, also am Beginn des Aufbruchs zur Industrialisierung und Verstädterung. Oft ist angemerkt worden, daß überraschend viele romantische Dichter und Musiker in größeren Städten geboren und aufgewachsen sind, so etwa die Brüder Schlegel in Hannover, Tieck in Berlin, Schubert in Wien und Brahms in Hamburg. Es mag so sein, daß der Eigenwert der Heimat, bzw. der gefühlsmäßigen Bindung an sie, erst dann entdeckt, dargestellt, besungen und verherrlicht werden konnte, als die unbewußt-selbstverständliche Bindung an sie verlorengegangen war. Mit Industrie, Großstadt und modernen Verkehrsmitteln zog die Gefahr der sogenannten „Entwurzelung" herauf. Fast alle gewohnten Daseinsformen veränderten und verändern sich noch immer mit sich beschleunigender Geschwindigkeit. Jäh riß die Landflucht die Bauernsöhne aus ihrer Geborgenheit und verschlug sie ins städtische Proletariat und damit in die berüchtigten großstädtischen Mietskasernen.

Das „gesellschaftliche Sein" der Arbeiter ähnelte sich in ganz Europa. Diese Form der Gleichheit übersprang alle Staatsgrenzen und machte Begriffe wie Heimat und Brauchtum fast obsolet. Dazu spülten die Auswanderungswellen des 19. Jahrhunderts Hunderttausende in ferne Länder, die oft noch ohne Geschichte waren.

So ging viel von der in Jahrhunderten gewachsenen, gewissermaßen naiven Heimatverbundenheit und mit ihr viel altes, bodenständiges Brauchtum verloren. In der Zeit staatlicher und wirtschaftlicher Konsolidierung, etwa nach 1870, erinnerte man sich vielerorts, besonders auf dem Land, der vergessenen heimatlichen Bräuche und ließ sie wieder aufleben. Das Brauchtum ist Zeichen und Sinnbild der Verwurzelung in der Heimat. Es ist immer bodenständig, auch wenn es, wie z. B. von den Heimatvertriebenen nach 1945, in der Fremde oder in einer neuen Heimat geübt und gepflegt wird.

Heimat und Brauchtum bedingen einander in dem Sinne, daß eines auf das andere verweist. Ohne Heimat kein Brauchtum, ohne Brauchtum keine Heimat. Für beide gilt der alte Erfahrungssatz, daß die allermeisten Menschen den Wert eines Gutes erst dann zu schätzen wissen, wenn sie es verloren haben. Die Wiederbelebung des Brauchtums um die Jahrhundertwende wird so als ein bis heute ständig wiederholter, oft geglückter, zuweilen auch mißlungener Versuch begreifbar, in einer Zeit rascher Industrialisierung und Urbanisierung die Ursprünglichkeit dörflicher Lebensgemeinschaft wiederzugewinnen.

Es versteht sich beinahe von selbst, daß in einem lange Jahrhunderte hindurch bäuerlich geprägten Land wie Bayern Heimatverbundenheit und Brauchtumspflege besonders stark ausgeprägt sind. An Bayern sind die großen Auswanderungswellen des 19. Jahrhunderts im wesentlichen vorbeigegangen, weil das fränkische und bayerische Anerbenrecht im Unterschied zur schwäbischen Realteilung eine von Generation zu Generation fortschreitende Verarmung verhindern half. Dies bedingte eine nahezu ungebrochene Tradition bäuerlichen Lebensstils in unserem Land.

Daran hat auch die Entwicklung zum hochmodernen Industrieland ab etwa 1950 wenig geändert. Die modernen, nicht rohstofforientierten Industriestandorte der sogenannten High-Tech beeinflussen die weithin dörflich geprägten Landschaften unserer bayerischen Heimat kaum. Fast überall blieb so das bäuerliche Grundmuster erhalten. Und selbst in den Ballungszentren gibt es keinen Stadt-Land-Gegensatz, weil bei uns bäuerlicher Lebensstil, wenn auch zuweilen verwässert und verfälscht, selbst in innerstädtischen Etagenwohnungen zu finden ist, und sei es nur in Gestalt eines Herrgottswinkels oder einer Tegernseer oder Werdenfelser Tracht.

So elementar Heimatliebe und Heimatverwurzelung auch sein mögen, es gibt dennoch Gründe, die gerade in unserer mobilen Zeit Menschen zum Verlassen ihrer

Heimat bewegen, sich demnach als noch stärker erweisen. Über die wirtschaftliche Not bis zur Flucht aus der Unfreiheit diktatorisch und totalitär beherrschter Staaten gibt es Beispiele genug, die beweisen, daß Freiheitsliebe und sozialer Aufstiegswille stärker sein können als Heimatverbundenheit. Wenn allerdings fremde Mächte Millionen von Menschen zum Verlassen der Heimat zwingen, dazu noch unter menschenunwürdigen Umständen, wie dies um 1945 mit dreizehn Millionen Deutschen in den Ostgebieten geschah, dann wird die Verbundenheit mit der verlorenen Heimat die Vertriebenen zu einer besonders intensiven Pflege ihres überkommenen Brauchtums bewegen. Die ostdeutschen Landsmannschaften bewahren nun schon über eine Generation lang dieses Erbe und geben es an die Jüngeren weiter. Obwohl in der Bundesrepublik Deutschland geboren, nehmen diese meistens das Erbe an und pflegen es, damit es auch kommenden Generationen erhalten bleibe.

Der Heimatbegriff habe sich, so ist schon öfter geurteilt worden, in unserer Zeit der mobilen Gesellschaft von der Umwelt auf die Menschen verlagert. Dort, wo er vertraute Menschen habe, Verwandte, Freunde, Nachbarn und Bekannte, dort sei der moderne, der „unbehauste" Mensch daheim. In ihrer Ausschließlichkeit mag diese Aussage angreifbar sein. Es ist aber sicher richtig, daß es eine von den Mitmenschen absehende Heimatliebe nicht gibt. Die Bilder und Vorstellungen, die das Wort Heimat unwillkürlich in uns weckt, sind stets von Menschen belebt, die zumindest eine gewisse Zeitlang unseren Lebensweg begleitet haben bzw. begleiten.

Heimat stiftet Gemeinschaft. Sie ist somit mehr als nur der Wohnort, wo man polizeilich gemeldet und der im Personalausweis vermerkt ist. In der Heimat wurzeln die ursprünglichsten menschlichen Bindungen. Jedoch über die Grenzen des privaten Lebensbereichs hinaus erfährt der Einzelne in seiner Heimat auch die Bedeutung der öffentlichen Angelegenheiten. Planungen, strittige Fragen, Handlungen und Entscheidungen gewinnen politischen Charakter, bleiben aber fast immer im Rahmen des Überschaubaren und unmittelbar

Erfahrbaren. Der Bürger kann und soll mitwirken an der Bewältigung der Probleme, die seine engere Heimat und damit auch ihn unmittelbar betreffen. So trägt er Mitverantwortung, bestätigt und rechtfertigt er auf der rational-politischen Ebene die gefühlsmäßige Bindung an seine Heimat.

Dabei wird ihm in wachsendem Maße bewußt, daß Politik, auch und gerade in den Gemeinden, nicht ohne Rücksicht auf die Geschichte gemacht werden kann. Die Kraft der Tradition begegnet ihm überall in steinernen und geschriebenen Zeugnissen der Vergangenheit. So erfährt er die Wahrheit des Satzes: Wer weiß, woher er kommt, der weiß auch, wohin er zu gehen hat. Heimatverbundene, geschichtskundige und -bewußte Bürger sind gegen jede Versuchung gefeit, Traditionen um eines ideologischen und utopischen Zieles willen zu leugnen. Menschen ohne Heimatbindung aber neigen dazu, Überlieferung zu mißachten, ja zu verunglimpfen und damit zu zerstören, damit auf der so entstandenen geistigen Trümmerwüste die sogenannte „neue Gesellschaft" entsteht.

Heimatliebe hat mit solcher gefährlichen Schwarmgeisterei nichts zu schaffen. Sie weckt und stärkt den Wirklichkeitssinn und ermöglicht es so, die öffentlichen Angelegenheiten ohne Bruch mit der Vergangenheit beharrlich, geduldig und stetig zu gestalten und zu verbessern.

Heimatverbundene Bürger schließen sich darüber hinaus in vielfältiger Weise freiwillig zusammen, damit sie gemeinsam leichter erreichen, was dem Einzelnen schwer, oft sogar überhaupt nicht möglich ist. Ob in den Organisationen der Heimatpflege, in den Trachtenvereinen oder in den vielen Sänger- und Musikbünden: Diese freiwilligen Zusammenschlüsse von Bürgern können in ihrem Wert für den Bestand unserer Demokratie kaum überschätzt werden. Nicht nur, daß sie kommunale und staatliche Entscheidungsträger von mancherlei Aufgaben entlasten, nicht nur, daß sie Anregungen, Ziele, Wünsche, auch Ansprüche von Bürgern gleichsam filtern und somit als geordnete Entscheidungshilfen an die zuständigen politischen Einrichtungen weitergeben – unsere Vereine und Verbände bilden darüber hinaus im vorpolitischen Raum eine bunte Vielfalt von Formen des Zusammenwirkens und Zusammenlebens, in denen die Mitglieder täglich Demokratie üben und ausüben.

Diese Gewöhnung an demokratische Entscheidungsvorgänge erzeugt erst jenen Allgemeinzustand in einem Volk, den man „politische Reife" nennt. Selbst im kleinsten Trachtenverein eines abgelegenen Ortes können demokratische Tugenden gelernt werden: offene Aussprache, Überbrückung von Meinungsverschiedenheiten, Suche nach einem Kompromiß bei gegensätzlichen Auffassungen, Einsicht in die Überzeugungskraft von Argumenten, Abstimmungssiege und -niederlagen, die Verquickung von Personal- und Sachproblemen, und vieles andere mehr.

Über die sogenannte typisch deutsche Vereinsmeierei lächeln ist leicht – ungeachtet dessen haben die bayerischen Trachtenvereine mit ihren über 200000 Mitgliedern keinerlei Nachwuchssorgen. Hier werden nicht nur die überkommenen Trachten gepflegt, sondern auch die alten Feste und das Brauchtum am Leben erhalten; auch Umzüge und die Teilnahme an kirchlichen Prozessionen gehören dazu.

Diese Brauchtumspflege ist nicht Selbstzweck. Vielmehr werden im Brauchtum Kirchenjahr und Jahreskreis in der Natur gegliedert in Zeiten des Feierns und der Freude und in Zeiten der Besinnung und Trauer. Gliedern aber heißt ordnen, dem Ablauf der Zeit einen verläßlichen Rhythmus geben, so daß man nicht von einem Tag in den gleichförmigen nächsten stolpert. In seinem Brauchtum erkennt sich ein Volk im Spiegel seiner Tradition und wird sich seiner Identität und seines Eigenwertes bewußt. Gegen die in unserer Zeit drohende Gefahr einer gesichtslosen, unverbindlichen und öden Einheitskultur werden auf solche Weise Dämme errichtet.

In der Erkenntnis, daß Heimat- und Brauchtumspflege nicht als Privatsache gelten dürfen, fördert sie der Freistaat Bayern nach Kräften. Im Haushalt 1989 sind insgesamt 2,8 Mio. DM angesetzt, für die Pflege der bodenständigen und der Laienmusik über 3,5 Mio. DM.

Die Trachtenvereine erhalten die Zuschüsse als Hilfe

nur zur Beschaffung historisch gewachsener Trachten, nicht aber von Kostümen oder Phantasie-Anzügen.

Nicht eigens gefördert wird der Volkstanz, denn hierbei handelt es sich um eine Tätigkeit, die in erster Linie Spaß machen soll. Aber Heimatschauspiele und bodenständige Festspiele, wie z.B. die Landshuter Fürstenhochzeit oder der Further Drachenstich, erhalten nach Bedarf kleine finanzielle Unterstützungen.

Das Heimatschrifttum, etwa Ortschroniken, die Beschreibung von Trachten und Brauchtum für ein bestimmtes Gebiet sowie die Mundartdichtung, wird nur im Einzelfall durch direkte Zuschüsse gefördert, nämlich dann, wenn die Arbeiten mehr als einen nur lokalen Bezug und überregionale Bedeutung besitzen.

Wenn von der Pflege der Heimat und des heimatlichen Brauchtums gesprochen wird, so dürfen auch die historischen Vereine, die archäologischen Gesellschaften, die Kultur- und Musikkreise und die literarischen Gesellschaften nicht vergessen werden. Sie alle tragen ihren Teil dazu bei, unser reiches kulturelle Erbe zu pflegen und an die nächste Generation weiterzugeben.

Die Dachverbände der Heimatpflege, nämlich der Bayerische Landesverein für Heimatpflege, der Frankenbund und der Oberpfälzer Kulturbund, wirken vor allem dadurch, daß sie die Erzieher erziehen. Dies tun sie mit Publikationen, ferner im ganzen Land mit Tagungen und Seminaren zu allgemeinen und besonderen Themen. Der Bayerische Landesverein für Heimatpflege, geleitet vom früheren Landtagspräsidenten Rudolf Hanauer, gibt darüber hinaus die Zeitschrift „Schönere Heimat" heraus. Seit vielen Jahren richtet der Landesverein zusammen mit dem Verband der Bayerischen Geschichtsvereine und dem Bund Naturschutz den Bayerischen Heimattag aus.

Eine der wichtigsten Aufgabe des Landesvereins für Heimatpflege ist es, die Kreis- und Stadtheimatpfleger fachlich zu betreuen. Diese ehrenamtlich tätigen Bürger sind ja diejenigen, die nicht nur die Vereine beraten und Anregungen in die Welt setzen, sondern sie sind auch gleichsam die Verbindungsgelenke zur Verwaltung. Sie tragen dazu bei, daß die Gesetze, vor allem die Baugesetze, in Rücksicht auf heimatliches Brauchtum und Herkommen vollzogen werden. Auf regelmäßigen, meist regionalen Tagungen erhalten die Heimatpfleger durch den Landesverein Anregungen, aber auch die moralische Unterstützung, die sie oft so dringend brauchen. Es ist die Aufgabe aller dieser Vereine und Verbände, die im Dienste der Heimat stehen, immer wieder neue, vor allem junge Menschen zu begeistern und zu gewinnen. Nur so können die verschiedenen Zweige der Heimatkultur wirklich fortleben, erschöpfen sie sich nicht in starren Wiederholungen.

In den letzten fünfzehn Jahren haben die Museen, gerade auch die Heimatmuseen, einen großen Aufschwung erlebt. Grund hierfür ist das bis dahin kaum vorstellbare Interesse der Bürger nicht nur an Kunst, sondern auch an Geschichte. Die Besucherzahlen in allen Museen sind geradezu sprunghaft gestiegen. Im vergangenen Jahr wurden über fünfundsechzig Millionen Museumsbesucher in der Bundesrepublik Deutschland gezählt, davon fast ein Viertel, nämlich etwa siebzehn Millionen in Bayern. Die nichtstaatlichen Museen verzeichneten einen Andrang von zehn Millionen Besuchern. Dies bedeutet, daß praktisch jeder Bürger Bayerns mindestens einmal im vergangenen Jahr ein nichtstaatliches, also ein Heimat- oder Freilichtmuseum besucht hat. Seit 1975 hat sich die Zahl der nichtstaatlichen Museen Bayerns von 330 auf 650 fast verdoppelt. Nach unserer Verfassung sind Staat und Gemeinden dazu verpflichtet, die Kultur zu fördern. Schon seit langem haben sie viel getan für Büchereien, für die Erwachsenenbildung, für die Schulen, für den Sport und für viele anderen Bereiche. Da ist es an der Zeit, daß Fördermittel in vermehrtem Maße der Pflege der heimatlichen Kultur und damit den Heimatmuseen zufließen. Das Bayerische Nationalmuseum, das die nichtstaatlichen Museen betreut, bemüht sich darum, die EDV-gerechte Erfassung der ungefähr sechs Millionen Objekte an den nichtstaatlichen Museen Bayerns finanziell und fachlich zu fördern.

Die Liebe zu Heimat und Brauchtum darf allerdings nicht so weit gehen, daß sie blind wird für jeglichen technischen und wirtschaftlichen Fortschritt. Es kann nicht darum gehen, zwischen die vorantreibenden und bewahrenden Kräfte den Keil der Unvereinbarkeit zu treiben. So einfach machen es sich nur seelenvolle, aber kopflose Heimat- und Naturschwärmer auf der einen und seelenlose, aber kopflastige Industrie- und Fortschrittsbesessene auf der anderen Seite. Zwischen unserer modernen, technisch geprägten Zivilisation und der Pflege von Heimat, Natur und Umwelt gibt es keinen unversöhnlichen Gegensatz. Was wir brauchen, sind Techniken, Herstellungsweisen und Erzeugnisse, die von vornherein jegliche Mißgestaltung oder Beeinträchtigung unserer Heimat und Umwelt auf ein Mindestmaß zurückdämmen oder ganz ausschließen.

Die Politik der Bayerischen Staatsregierung folgt dem Leitsatz, unserem Land auch in den kommenden Jahrzehnten eine gesunde strukturelle und wirtschaftliche Weiterentwicklung zu sichern. Gleichermaßen aber gilt es, die in langen Jahrhunderten angesammelten Reichtümer unserer Heimat, von der Tracht über die Regionalliteratur und -musik bis hin zu den zahlreichen steinernen Zeugnissen einer langen, vielfältigen und großen Geschichte zu bewahren und zu pflegen. Bayern soll und wird uns und unseren Kindern Heimat bleiben: menschlich und modern.

Friedrich Wetter

Geistige Heimat

I. Heimatlosigkeit und Heimat – Erfahrungen der Bibel

„Selig, die in deinem Hause wohnen" (Ps 84,5)

Wie wichtig die Heilige Schrift die menschlichen Erfahrungen von Heimat und Heimatlosigkeit nimmt, mag man schon daran ermessen, daß sie auf ihren ersten wie auf ihren letzten Seiten davon spricht. Innerhalb dieses weiten Bogens findet sich eine Fülle von Darstellungen dieses existentiellen Grundthemas, gedeutet im Lichte des Glaubens.

Am Anfang das Paradies – was ist es anderes als Heimat bei Gott? „Gott, der Herr, legte in Eden, im Osten, einen Garten an und setzte dorthin den Menschen, den er geformt hatte" (Gen 2,8). Der Mensch lebt in vertrauter Nähe zu Gott: „Als sie Gott, den Herrn, im Garten gegen den Tagwind einherschreiten hörten ..." (Gen 3,8). So wird auch das Ende dieser Nähe, verursacht von der Vermessenheit des Menschen, dargestellt als Vertreibung aus dem Paradies, als Verlust der Heimat: „Gott, der Herr, schickte den Menschen aus dem Garten Eden weg, ... er vertrieb den Menschen" (Gen 3,23 f).

Dem antwortet am Ende der Heiligen Schrift der Ausblick auf eine neue Beheimatung bei Gott: „Er zeigte mir die heilige Stadt Jerusalem, ... erfüllt von der Herrlichkeit Gottes ... Die Stadt braucht weder Sonne noch Mond, die ihr leuchten. Denn die Herrlichkeit Gottes erleuchtet sie, und ihre Leuchte ist das Lamm. Die Völker werden in diesem Licht einhergehen" (Offb 21, 10.23 f). Ein neues Paradies wird verheißen: „Und er zeigte mir einen Strom, das Wasser des Lebens ... Zwischen der Straße der Stadt und dem Strom, hüben und drüben, stehen Bäume des Lebens. Zwölfmal tragen sie Früchte, jeden Monat einmal; und die Blätter der Bäume dienen zur Heilung der Völker" (Offb 22,1 f). Das Wichtigste aber ist die neugeschenkte Nähe zu Gott:

„Der Thron Gottes und des Lammes wird in der Stadt stehen, und seine Knechte ... werden sein Angesicht schauen, und sein Name ist auf ihre Stirn geschrieben" (Offb 22,3 f).

So wird der Mensch endgültige Heimat finden: zu Hause in sich selbst, zu Hause in der Gemeinschaft der Stadt, geborgen in Gottes Gegenwart.

Wie es dem Menschen unterwegs zu diesem Ziel ergeht, läßt sich an zentralen Gestalten der Heilsgeschichte ablesen. Abraham, der „Vater des Glaubens", wird schon im ersten Wort Gottes, das an ihn ergeht, in die Spannung von Heimatlosigkeit und Heimat gestellt: „Der Herr sprach zu Abraham: Zieh weg aus deinem Land, von deiner Verwandtschaft und aus deinem Vaterhaus, in das Land, das ich dir zeigen werde" (Gen 12,1). Gott löst ihn aus seiner bisherigen Umgebung, aber nicht, um ihn heimatlos zu machen, sondern um ihm ein neues Land zu zeigen. Und selbst wenn er als Nomade nicht seßhaft ist, die grundlegende Kennzeichnung von Heimat verläßt ihn nirgends: „Geh deinen Weg vor mir, und sei rechtschaffen" (Gen 17,1).

Die wichtigste heilsgeschichtliche Erfahrung Israels, alljährlich begangen im Pessachfest, ist die Befreiung aus Ägypten. Zuerst Zuflucht in Hungersnot, wird das Exil zum „Sklavenhaus", zum Ort der Zwangsarbeit in der Fremde. Aber Gott spricht: „Ich habe das Elend meines Volkes in Ägypten gesehen" – Elend, das ist, beim Wort genommen: Aus-land, Exil, Fremde – „und bin hinabgestiegen, um sie aus der Hand der Ägypter zu entreißen und aus jenem Land hinaufzuführen in ein schönes, weites Land" (Ex 3,7 f) – eben in das gelobte, das verheißene Land ihrer Väter, das ihnen wieder Heimat werden soll. Diese Befreiung aus der Fremde ist in der jüdischen wie in der christlichen Tradition nie als etwas nur geschichtlich Zurückliegendes verstanden worden, sondern immer als Heilstat auch für die jeweilige Gegenwart. So war der Exodus in der frühen Kirche ein Kernstück der Vorbereitung der Katechumenen auf die Taufe an Ostern, und bis heute prägt dies Element die Liturgie der Osternacht.

Auch Vertreibung und Zwangsumsiedlung großer Teile des Volkes mußte Israel erfahren: die Babylonische Gefangenschaft bedrohte die Identität des Gottesvolkes und erlegte dem Einzelnen das Leid des Lebens in erzwungenem Exil auf. Im Psalm hören wir die Klage: „An den Strömen von Babel, da saßen wir und weinten, wenn wir an Zion dachten ... Wie können wir singen die Lieder des Herrn, fern auf fremder Erde?" (Ps 137,1.4)

Aber auch hier gedenkt der Herr seines Volkes und führt es zurück in seine Heimat: „Die vom Herrn Befreiten kehren zurück und kommen voll Jubel nach Zion. Ewige Freude ruht auf ihren Häuptern, Wonne und Freude stellen sich ein, Kummer und Seufzen entfliehen" (Jes 35,10).

War der Tempel schon zuvor bevorzugter Ort der Begegnung mit Gott gewesen, wo auch entfernt wohnende Israeliten an den Wallfahrtsfesten zusammenströmten, so wird jetzt die nach dem Exil wiederaufgebaute Stätte des Gottesdienstes fast noch höher geschätzt. Die Israeliten erfahren hier die Nähe Gottes als das eigentlich Beheimatende und preisen oft und oft diese Erfahrung.

„Nur eines erbitte ich vom Herrn, danach verlangt mich: Im Haus des Herrn zu wohnen alle Tage meines Lebens, die Freundlichkeit des Herrn zu schauen und nachzusinnen in seinem Tempel. Denn er birgt mich in seinem Haus am Tage des Unheils" (Ps 27,4 f).

„Wie liebenswert ist deine Wohnung, Herr der Heerscharen! Meine Seele verzehrt sich in Sehnsucht nach dem Tempel des Herrn ... Wohl denen, die wohnen in deinem Haus, die dich allezeit loben" (Ps 84,2-3.5).

Der Tempel soll aber Heimat nicht nur für Israel sein; vor und nach dem Exil zeigen Propheten den weiten Horizont des Heilswillens Gottes: „Viele Nationen machen sich auf den Weg; sie sagen: Kommt wir ziehen hinauf zum Berg des Herrn und zum Haus des Gottes Jakobs" (Jes 2,3).

„Die Fremden, die sich dem Herrn angeschlossen haben, ... sie bringe ich zu meinem heiligen Berg und erfülle sie in meinem Bethaus mit Freude ... denn mein Haus wird ein Haus des Gebets für alle Völker genannt" (Jes 56,6 f).

Auch im Neuen Testament durchziehen Erfahrungen von Fremde und Heimat das Leben und die Lehre Jesu. Jesus, der kommt, um sein Volk ‚heim-zu-suchen', muß erleben, daß er abgewiesen wird. Schon die Kindheitsgeschichten unterstreichen es deutlich: Herbergsuche, Flucht nach Ägypten – „die Seinen nahmen ihn nicht auf“ (Joh 1,11). Auch später „hat der Menschensohn keinen Ort, wohin er sein Haupt legen kann“ (Mt 8,20). Am Ende geht die Entäußerung bis zur Gottverlassenheit (Mk 15,34). Aber doch „hat er unter uns gewohnt“ (Joh 1,14), um uns wieder Gott nahe zu bringen in seiner Person. Dies beschreibt Johannes als Wohnen bei Gott:

„Euer Herz lasse sich nicht verwirren! Glaubt an Gott und glaubt an mich! Im Haus meines Vaters gibt es viele Wohnungen. Wenn es nicht so wäre, hätte ich euch dann gesagt: Ich gehe, um für euch einen Platz vorzubereiten? Wenn ich gegangen bin und einen Platz für euch vorbereitet habe, komme ich wieder und werde euch zu mir holen, damit auch ihr dort seid, wo ich bin“ (Joh 14,1-3).

Das wohl bekannteste Gleichnis Jesu, das vom verlorenen Sohn, zeichnet grundlegende Züge der menschlichen Existenz unter den Bildern von Heimat – Abwendung vom Vaterhaus – Elend – Umkehr – neuer Aufnahme beim Vater. Die vielfältigen Deutungen, die das Gleichnis von Christen und Nichtchristen erfahren hat, zeigen, wie sehr sich Menschen in ihm wiedererkennen, sei es in ihrem persönlichen Lebensweg, sei es in der Beziehung zu Gott. Gott gibt dem Menschen die Freiheit, seinen Weg zu suchen, auch wenn er von ihm wegführt. Findet der Mensch sich dann im Elend vor, soll er wissen, daß es ein Heimkehren gibt und Gott, der ihn freudig aufnimmt.

II. Heimatlosigkeit und Heimat – Erfahrungen des neuzeitlichen Menschen

„Die Heimatlosigkeit des neuzeitlichen Menschen ist das Zeichen der Seinsvergessenheit.“ (Martin Heidegger)

„Die Heimatlosigkeit wird ein Weltschicksal.“ Diese lapidare Kennzeichnung gibt Martin Heidegger in seinem „Brief über den Humanismus“. Das Jahr der Abfassung, 1946, gab wahrlich übergenug Anlaß zu solcher Aussage. In den Geschichtsatlanten erscheint für diese Zeit eine neue Art von Karten: Flüchtlingsströme überziehen Europa in vielen Richtungen. Solche Karten sind nicht entbehrlich geworden seither – der Heimatlosen wurden mehr und mehr.

Heidegger erkennt die Heimatlosigkeit des neuzeitlichen Menschen als eine, „in der nicht nur die Menschen, sondern das Wesen des Menschen umherirrt" und sucht, um Abhilfe zu finden, die Ursachen aufzudecken. Schon Marx erreicht, wie Heidegger hervorhebt, eine wesentliche Dimension der Geschichtsbetrachtung, indem er die Entfremdung des Menschen beschreibt. Hält sich Marx bei der Analyse dieser Entfremdung und zumal bei den Therapievorschlägen vorwiegend im sozioökonomischen Bereich, so führt Heidegger diesen Ansatz als Philosoph fort. Heimat ist für den Menschen das Da-Sein, das ist die Offenheit für die Nähe des Seins. Verliert der Mensch diese Offenheit, als die seine Existenz definiert ist, so verliert er sich selbst. „Diese so zu denkende Heimatlosigkeit beruht in der Seinsverlassenheit des Seienden. Sie ist das Zeichen der Seinsvergessenheit. Dieser zufolge bleibt die Wahrheit des Seins ungedacht. Die Seinsvergessenheit bekundet sich mittelbar darin, daß der Mensch immer nur das Seiende betrachtet und bearbeitet."

Abhilfe, Wiederfinden von Heimat, kann also nur in einer Umkehr geschehen, die sich dem Vernehmen des Seins öffnet. Heidegger zitiert Heraklits Kennzeichnung des Menschen: „Der Mensch wohnt, sofern er Mensch ist, in der Nähe Gottes"; in Heideggers Übertragung: „Aufenthalt ist dem Menschen das Offene für die Anwesung Gottes." Rettung aus der Seinsvergessenheit sieht Heidegger auf diesem Wege möglich: „Angesichts der wesenhaften Heimatlosigkeit des Menschen zeigt sich das künftige Geschick des Menschen darin, daß er in die Wahrheit des Seins findet und sich zu diesem Finden auf den Weg macht."

Es ist mit Händen zu greifen, wie sehr hier das Christentum aufgerufen ist, den Menschen Wege aus der Heimatlosigkeit zu zeigen. Schon Aristoteles fand es bedenklich, wenn der Mensch sich in Einzelwissenschaften verliert, ohne das Ganze zu bedenken. Wieviel mehr gilt das heute angesichts von immer spezialisierteren Wissenschaften – und wie sehr kann Religion, noch über philosophische Denkbemühung hinaus, die Menschen zu einem Selbstverständnis führen, das ihm seine Heimat zeigt im „Wohnen in der Offenheit für Gott“!

III. Biblische Weisheit als Hilfe für heute

„Alles, was einst geschrieben worden ist, ist zu unserer Belehrung geschrieben, damit wir durch den Trost der Schrift Hoffnung haben“ (Röm 15,4).

Die Bibel kennt, wie wir sahen, das existentielle Bedürfnis des Menschen nach Heimat, und sie antwortet darauf. Ebenso kennt sie aber auch mancherlei Gefahren, die sich mit einem Bewußtsein von Beheimatetsein verbinden können. Israel fand sich beheimatet im Tempel, in seinen heiligen Schriften, in der Erwählung als Volk Gottes. All das hat sein göttliches und menschliches Recht, und gerade deshalb warnt die Heilige Schrift wiederholt vor Fehlhaltungen, die diesen Wert gefährden können.

Identität ohne Enge

Im Psalm 80 wird die Freude Israels, nach der ägyptischen Gefangenschaft wieder eine eigene Heimat gefunden zu haben, so ausgedrückt:

„Du hobst in Ägypten einen Weinstock aus, du hast Völker vertrieben, ihn aber eingepflanzt. Du schufst ihm weiten Raum; ... er hat Wurzeln geschlagen und das ganze Land erfüllt“ (Ps 80,8 f).

Verwurzelung und weiter Raum werden zusammengesehen – erlaubt nicht gerade die feste Verankerung Beweglichkeit und Offenheit? Die Zeit in der Fremde bleibt in Israel unvergessen; und als ihm selbst wieder ein Ort geschenkt ist, wo es sich als Volk Gottes entfalten kann, wird der Rückblick auf das Erlittene zum Gebot, nun auch selbst heimatlosen Menschen offen zu begegnen: Gott „liebt die Fremden und gibt ihnen Nahrung und Kleidung; auch ihr sollt die Fremden lieben, denn ihr seid Fremde in Ägypten gewesen.“ (Dt 10,18 f)

Die Einheit des Volkes Gottes darf nicht zu provinzieller Enge werden, sonst würde nicht nur Gottes Gebot verfehlt, sondern Gottes eigenes Handeln geringgeachtet. Oft noch mußten die Propheten der Gefahr hochmütiger Abgrenzung Israels entgegentreten und den Heilswillen Gottes für alle Völker betonen.

Auch Jesus selbst, in dessen Stammbaum nicht umsonst auch heidnische Ahnen genannt werden, muß sich gegen Tendenzen der Enge wehren. Im Lukasevangelium beginnt das öffentliche Wirken Jesu in seiner Heimatstadt Nazareth damit, daß seine Hörer ihn töten wollen, weil er daran erinnert, daß Gott auch anderen Völkern Heil bringen will.

Die frühe christliche Kirche vollzieht den Schritt in den ganzen Raum der damaligen Welt, und man spürt das Glück der nun in ihr beheimateten Heiden, wenn es im Epheserbrief heißt: „Ihr seid also jetzt nicht mehr Fremde ohne Bürgerrecht, sondern Mitbürger der Heiligen und Hausgenossen Gottes. Ihr seid auf das Fundament der Apostel und Propheten gebaut; der Schlußstein ist Christus Jesus selbst. Durch ihn wird der ganze Bau zusammengehalten und wächst zu einem heiligen Tempel im Herrn. Durch ihn werdet auch ihr im Geist zu einer Wohnung Gottes erbaut" (2,19-22).

Wir, die Nichtjuden, sind die Dazugekommenen. Das Bewußtsein, nun nicht neue Schranken aufrichten zu dürfen, hat sich in der Kirchengeschichte auch in härtesten Bewährungsproben erhalten. Das zeigt eindrucksvoll das Beispiel des heiligen Benedikt in der Zeit der Völkerwanderung. Seine Klöster bieten Stabilität in dieser Umbruchszeit – aber nicht auf Kosten der Offenheit: die Goten finden ebenso Aufnahme wie traditionsbewußte Römer, und zwar ausdrücklich ohne Rangunterschied. Allein der Ruf Gottes zählt, nationale Empfindlichkeiten haben demgegenüber kein Gewicht.

Geborgenheit ohne trügerische Sicherheit

Insbesondere fühlte sich Israel dort daheim, wo Gott „wohnte", im Tempel. Aber gerade dazu finden die Propheten immer wieder scharfe Worte, die das Volk vor einem falschen Sicherheitsgefühl warnen; so schreibt etwa Jeremia: „Vertraut nicht auf die trügerischen Worte: Der Tempel des Herrn, der Tempel des Herrn, der Tempel des Herrn ist hier! ... Sie stehlen, morden, ... und dabei kommt ihr und tretet vor mein Angesicht in diesem Haus, über dem mein Name angerufen ist, und sagt: Wir sind geborgen!“ (Jer 7,4.9 f)

Auch diese Warnung findet im Neuen Testament ihr Echo. Johannes der Täufer predigt: „Bringt Früchte hervor, die eure Umkehr zeigen, und fangt nicht an zu sagen: Wir haben ja Abraham zum Vater. Denn ich sage euch: Gott kann aus diesen Steinen Kinder Abrahams machen“ (Lk 3,8).

Auch Jesus wendet sich gegen illusorische Sicherungen: „Viele werden von Osten und Westen kommen und mit Abraham, Isaak und Jakob im Himmelreich zu Tisch sitzen; ... die aber, für die das Reich bestimmt war, werden hinausgeworfen“ (Mt 8,11 f).

Tradition ohne Erstarrung

Tradition schenkt Heimat – aber nur, wenn sie nicht rückwärtsgewandt in bloßem Festhalten besteht. Schon biologisch und soziologisch ist Tatsache, daß alles, was nicht mehr veränderungsbereit ist, absterben muß. Um so mehr im Bereich der Religion: Ihr Wesen ist Beziehung zu Gott, und Gott kann nicht auf Gewesenes festgeschrieben werden; er ist dem Menschen immer voraus und kann aus seiner Fülle je Neues offenbaren. Sich dem zu verweigern, ist tödlich für Religion – aber dennoch geschieht es. Jesus selbst mußte erfahren, daß er gerade von religiös gebundenen Menschen abgewiesen wurde. Nach der Heilung eines Blinden am Sabbat sagen die Pharisäer: „Wir wissen, daß zu Mose Gott gesprochen hat; aber von dem da wissen wir nicht, woher er kommt.“ Als ihnen die Argumente ausgehen, die göttliche Kraft in Jesus zu leugnen, stoßen sie den Geheilten aus der Synagoge aus – berauben so sich selbst der schöpferischen Neuheit der Offenbarung Gottes (Joh 9,29.33).

So viele Warnungen? Ja, weil es etwas sehr Kostbares zu schützen gilt: Heimat im weiten Horizont der Größe und Güte Gottes.

IV. Zeichen christlicher Beheimatung

„Ihr seid auf das Fundament der Apostel und Propheten gebaut; der Schlußstein ist Christus Jesus selbst" (Eph 2,20).

Menschen bedürfen räumlicher und geistiger Beheimatung; vielen fehlt dieses wichtige Gut. Die Kirchen haben die grundlegende Beheimatung, die in Gott, von ihm her weiterzugeben – so scheinen sich Bedarf und Angebot aufs beste zu entsprechen. Doch fehlt es offenbar manchmal am gegenseitigen Zugang. Wir brauchen viele Wege – altbewährte und neue – , den großen Reichtum denen zugänglich zu machen, die ihn benötigen und die statt seiner oft Minderwertiges angeboten bekommen. Es ist, als ob Jesus, ähnlich wie bei der Brotvermehrung, sagte: „Gebt ihnen Heimat!" (Vgl. Mt 14,11) Viele Zeichen christlicher Beheimatung sind uns durch Jahrhunderte überkommen, andere entstehen immer wieder neu.

Das Zeichen des Kreuzes – sei es als gegenständliches Kreuz oder als Gebärde des Kreuzzeichens – ist seit den frühen Jahrhunderten der Christenheit auch als Zeichen der Verankerung, für Heimat in Gott, gewesen. Mit ihm werden sozusagen Koordinaten des Heils dem Kosmos, einer Landschaft, einem Raum oder einem Menschen eingezeichnet. Johannes von Damaskus z. B. sagt in seiner ‚Darlegung des christlichen Glaubens': „Gleichwie die vier Kreuzesenden durch das mittlere Zentrum gehalten und verbunden sind, wird durch die Kraft Gottes die Höhe und die Tiefe, die Länge und die Breite, das heißt alle sichtbare und unsichtbare Schöpfung zusammengehalten. Dies Kreuz ist uns als Zeichen auf die Stirn gegeben" (4,11). Die Schöpfung, die Gemeinschaft, der Einzelne finden ihren Ort vor Gott – so sagt es diese weitgespannte Deutung des Kreuzes. So sagen es auch andere christliche Zeichen, von denen einige genannt seien:

Gotteshäuser sind Zeichen der Einladung Gottes, in seine Nähe zu kommen. Schon die Ausrichtung nach Osten gibt dem Bauwerk und seiner Umgebung Orientierung und stellt den Einzelnen, ob er es merkt oder nicht, in die großen Zusammenhänge der Schöpfung.

Kirchtürme, den Blick nach oben ziehend, könnten dem Menschen immer wieder Zeichen seiner Würde als Sohn und Tochter Gottes werden – wenn er in dem, was innen geschieht, diese Würde gewahrt und gestärkt sieht.

Die Beobachtung, daß vielen Menschen heute Meditation ein Bedürfnis ist, fragt bei den Kirchen an, ob dieser instinktsichere existentielle Wunsch des Menschen, „bei sich zu wohnen", wie Gregor der Große es ausdrückt, genug Raum findet. Oder ist man auch unter den Christen den Leistungsmaßstäben einer industriellen Gesellschaft verfallen, die doch ihrerseits gerade Räume braucht, in denen Menschen Ausschau halten nach den grundlegenden Wahrheiten? Überlassen wir es nicht New Age, nach Spiritualität zu rufen! Lassen wir es uns von den Philosophen Aristoteles bis Heidegger sagen: Ohne Räume des wartenden Lauschens auf Gott geht der Mensch zugrunde!

Auch im Rhythmus der Feste des Kirchenjahres wird dem Menschen geistliche Heimat geschenkt. Marksteine des menschlichen Lebens wie Geburt, Reife, Hochzeit, schwere Krankheit und Sterben werden in der Feier der Sakramente wie Taufe, Firmung, Ehe, Krankensalbung in Gott verwurzelt. Heilstaten Gottes werden in der Gemeinschaft gefeiert – als Lebensraum, den Gott schenkt.

Heimat ist ein Gottesgeschenk, auch zum Weiterschenken. Gegen die schmerzliche Erfahrung, daß geeignete Formen der Vermittlung oft fehlen, hilft nicht der bloße Rückblick auf sogenannte bessere Zeiten. Die Sehnsucht der Menschen gibt den Auftrag, einen Weg zu ihnen zu finden, und die Heilige Schrift gibt den Mut, der Dynamik des Heiligen Geistes immer Neues zuzutrauen.

Im Advent singt die Kirche mit den Worten des Alten Testamentes: „Jerusalem ist unsere starke Stadt; der Heiland ist ihre Mauer und ihr Wall. Öffnet die Tore, denn mit uns ist Gott" (Jes 26,1 f; Jdt 13,11). Das ist Freude am Glauben in Offenheit für alle! Im II. Vatikanischen Konzil hat sich das ‚Öffnen der Fenster' bewährt: die Kirche gewann ein anziehendes Bild und bekam selbst frische Luft.

Nehmen wir aus der Zusage „Mit uns ist Gott" die Kühnheit, einengende Mauern niederzulegen und uns von Gott Heimat schenken zu lassen und Heimat weiterzuschenken!

Theodor Glaser

Heimat im Glauben

Heimat – allein das Wort schon hat für mich einen guten, warmen Klang. Es heimelt mich an. So gehe ich auf Heimatsuche in die Vergangenheit. Erinnerungen werden in mir lebendig an meinen Geburtsort im oberfränkischen Bayreuth. Meine Kindheit steht vor meinem inneren Auge ebenso wie mein Elternhaus und der Kreis meiner Geschwister, mit denen ich aufgewachsen bin. Ich denke an die Schule, an die Lehrer und Mitschüler, an Freunde und Kameraden. Die Kirche kommt mir in den Sinn, in der ich den Kindergottesdienst besuchte und konfirmiert wurde. In der evangelischen Jugendgruppe war ich wie zu Hause, obwohl das in braunen Zeiten nicht ungefährlich und wie ein kleiner trotziger Protest war. Im Geist streife ich durch die Straßen und Gassen meiner Heimatstadt, in der ich als junger Bub auf neugierigen Entdeckungsreisen war. Heute noch liebe ich die landschaftliche Umgebung, das Brauchtum und die Tracht, die dort üblich sind. Mein Gaumen schmeckt die heimischen Spezialitäten. Meinen fränkischen Dialekt kann und will ich nicht immer und unbedingt verleugnen. Auch daran freilich muß ich denken, daß wir 1945 verängstigt im Luftschutzkeller saßen, während unter dem Bombenhagel große Teile meiner Geburtsstadt in Schutt und Asche sanken – bedrohte und verbrannte Heimat.

Unterdessen lebe ich nun schon fast fünfunddreißig Jahre in Oberbayern, in München. Gewiß, ich fahre gerne in die alte Heimat, auch an das Grab der Eltern. Aber ich habe eine neue, zweite Heimat gefunden, in der ich mich daheim weiß, zusammen mit meiner Frau, die aus Schlesien stammt und von dort vertrieben wurde, und mit zwei Söhnen. Sie sind echte Münchner Kindl, die ihre Heimat freiwillig zur Zeit sicher nicht verlassen möchten.

Meine erste oder zweite Heimat, – beide mit deutscher Muttersprache –, beide liegen sie in Bayern, im deutschen Vaterland mit seinen beiden Teilen, und in Europa, dem hoffentlich nicht nur sogenannten, sondern wirklich christlichen Abendland. Heimat gibt es eben im engeren und weiteren Sinn; sie ist ein kleines Stück eines großen Vaterlandes.

Ich verdanke der Heimat unendlich viel und bin froh, in ihr zu leben. Sie hat mich geprägt und bereichert. Die Wurzeln meiner Biographie reichen tief in den Heimatboden, aus dem sie nach wie vor Kraft schöpfen. Mein Leben wäre anders verlaufen, wäre ich anderswo geboren und aufgewachsen. So hat meine Lebensgeschichte über sich hinausweisende Dimensionen. Heimatgeschichte und Heimatkunde erweitern meine Autobiographie. Ich selbst bin „nur" ein „Stück" meiner Heimat. Sie war vor mir, sie wird nach mir sein, sie kann auch ohne mich sein. Wieder einmal merke ich, daß uns die wesentlichen Dinge ohne unser Zutun zufallen. Wir können nichts dafür, daß wir gezeugt und geboren wurden. Ebensowenig können wir dafür, wo das geschehen ist. Die Macher sind ohnmächtig. Die wirklich wesentlichen Dinge wachsen uns zu. Heimat ist wie ein Geschenk, das uns ganz unverdienter- und ungeplantermaßen in den Schoß fällt. Ich halte nichts von dem vermeintlichen Schicksal und von dem angeblichen Zufall. Aber ich halte viel von Gott. Ihm verdanken wir unsere Heimat. Mit den Augen des Glaubens sehe ich auch die „Heimat im Glauben". Sie ist eine der vielen guten Gaben Gottes, seine persönliche Platzanweisung für mich persönlich – allein aus Gnaden, sola gratia, gratis, umsonst. „Was hast du, das du nicht empfangen hast?" – fragt der Apostel Paulus (1. Korinther 4,7).

Meine guten Heimatgefühle fassen sich zusammen in einem alten Volkslied, das mir mit vielen schönen Erinnerungen summend und singend sehr oft noch durch den Kopf geht:

„Kein schöner Land in dieser Zeit
als hier das unsre weit und breit,
wo wir uns finden, wohl unter Linden
zur Abendzeit.

Da haben wir so manche Stund
gesessen da in froher Rund
und taten singen; die Lieder klingen
im Eichengrund.

Daß wir uns hier in diesem Tal
noch treffen so viel hundertmal,
Gott mag es schenken, Gott mag es lenken,
er hat die Gnad."

Andere können nicht so unbeschwert wie ich an ihre Heimat denken. Sie haben anderes und Bitteres erfahren und erlitten. Vielen wurde zugemutet, ihre Heimat gezwungen und unfreiwillig verlassen zu müssen, oft auf Nimmerwiedersehen. Ich stehe nicht an, dabei von den Zumutungen Gottes zu sprechen, der Heimat geben, aber auch nehmen kann, auch durch den Gang der Geschichte und seiner Gerichte. Heimat ist nur eine Leihgabe aus der göttlichen Schatzkammer der vorletzten Dinge. So haben wir auch nur ein begrenztes Recht auf Heimat. Sie liegt nicht überall und nirgendwo, aber sie kann irgendwo liegen, irgendwann auch woanders.

In grauer Vorzeit hat Gott zu Abraham gesagt: „Geh aus deinem Vaterland und von deiner Verwandtschaft und aus deines Vaters Hause in ein Land, das ich dir zeigen werde. Und ich will dich segnen und du sollst ein Segen sein." (1. Mose 12,1 und 2) Das wurde für Abraham ein unsicherer, aber doch positiver Weg. Alles, was dem Erzvater bisher lieb und wert war, blieb zurück. Aber Gott blieb bei ihm, er war sein ein und alles, über alles in der Welt. Das aber gereichte ihm und anderen zum Segen. Das neue Land wurde zum gelobten, heiligen Land.

Heimatlosigkeit, Flucht und Vertreibung hat es schon immer in der Geschichte gegeben, ebenso wie Heimatsuche. Aber unser Jahrhundert scheint davon besonders gezeichnet zu sein. Für die moderne geschäftliche und touristische Jet-Generation ist die ganze Welt zur Heimat geworden, in der man überall oder vielleicht nirgends daheim ist, heute da und morgen dort. Unsere Bodenständigkeit ist geringer geworden. Wir sind eine mobile Gesellschaft. Die industrielle Situation verlangt Beweglichkeit und häufigen Standortwechsel. Arbeitsplätze sind bald nur hier, bald nur dort zu finden. Nicht immer hält die innere Mobilität Schritt mit der äußeren. Ich kenne viele Menschen, die innerhalb kurzer Zeit mehrmals quer durch Deutschland umgezogen sind und denen das keineswegs leichtgefallen ist.

Hinter uns liegt die nationalsozialistische Gewaltherrschaft und der unselige Zweite Weltkrieg mit den entsetzlichen Schrecken, die über uns gekommen sind und die wir über andere gebracht haben. Millionen Menschen, nicht nur Deutsche, wurden aus ihrer Heimat vertrieben. Weil ich es in der eigenen Familie erlebt habe, kann ich Schmerz und Trauer, Sehnsucht und Wehmut gut verstehen. Trotzdem geht es heute zuerst um Aussöhnung mit unseren östlichen Nachbarn. Versöhnung ist lebenswichtig, überlebenswichtig, damit nicht neue Vertreibung geschieht oder uns durch einen neuen Krieg unsere ganze Erde als Heimat verlorengeht.

Viele der Heimatvertriebenen, die zweite und dritte Generation zumal, sind heute in der neuen unfreiwilligen Wahlheimat heimisch geworden. Dabei mag mitgeholfen haben auch, daß es bewegliche Elemente der Heimat gibt, die man mitnehmen und auch fern der Heimat weiter pflegen kann, z.B. Traditionen und Brauchtum. Viele haben, wenn auch mit tiefen Schmerzen, in der Vertreibung ein Gericht Gottes über das deutsche Volk anerkannt und sich gebeugt. Viele haben die zweifellos schwere Herausforderung angenommen und sie als eine neue, von Gott gegebene Chance ergriffen. Beheimatet im Glauben an den Gott, der Heimat geben und nehmen kann, haben sie neue Heimat gestaltet durch Glaube, Liebe und Hoffnung. „Im Urteil des Glaubens, das vom Geschichtshandeln Gottes weiß, hat Gott auch da seine Hand im Spiel, wo für das menschliche Urteil der Raub der Heimat mit Unrechtstaten der Menschen verbunden war. Er kann aus der alten Heimat herausführen und über die Heimatlosigkeit wieder eine neue Heimat schenken, die das irdische Leben sichert.“ (Denkschrift der Evangelischen Kirche in Deutschland: Die Lage der Vertriebenen und das Verhältnis des deutschen Volkes zu seinen östlichen Nachbarn, 1965). Vieles haben die Einheimischen den Zugereisten zu verdanken, so wie im 19. Jahrhundert die Aussiedler aus Baden und der Pfalz für Oberbayern viel bedeutet haben. Ich weiß nicht, wie viele heute bereit wären, zurückzukehren in die alte Heimat, wenn es möglich wäre. Trotzdem schmerzen die Wunden. Und diese Wunden muß die Zeit nicht heilen.

Zu denken ist heute besonders auch an die Flüchtlingsströme, die rund um die Erde in aller Herren Länder unterwegs sind. Ich denke an die deutschen Aussiedler, die in das Land ihrer Väter zurückkehren und dort willkommen geheißen sein wollen. In nicht wenigen Ländern sind die Grenzen abgeschottet. Flucht oder Ausreise ist fast unmöglich gemacht. Ausharren wird erzwungen. In solchen Fällen kann es zur inneren Emigration kommen, die unter Umständen noch schlimmere Heimatlosigkeit ist als physische Vertreibung. So ist es verständlich, wenn viele Asylanten auch zu uns kommen, aber es ist unverständlich, wenn sie unter uns unter oft unwürdigen Bedingungen leben müssen. Wirkliche Asylsuchende haben ein Grundrecht auf Asyl, das ihnen nicht streitig gemacht werden sollte. Viele sind auch um ihres Glaubens willen aufgebrochen und ausgebrochen. Sie könnten mit dem alten Lied der Salzburger Emigranten aus dem 17. Jahrhundert auch heute noch singen:

„Ich bin ein armer Exulant.
Also muß ich mich schreiben:
Man tut mich aus dem Vaterland
um Gottes Wort vertreiben.

Ach, führ mich, Gott, in eine Stadt,
wo ich dein Wort kann haben.
Damit will ich mich früh und spat
in meinem Herzen laben."

(Joseph Schaidberger, 1685)

Flüchtlinge, Asylanten, Aussiedler und Ausländer stehen unter dem besonderen Schutz Gottes, der die Fremden liebt und uns gebietet: „Die Fremdlinge sollt ihr nicht unterdrücken“ (2. Mose 23,9). Christlicher Glaube schenkt ihnen Heimat in Liebe. Er erinnert sich an das Wort Christi: „Ich bin ein Fremder gewesen und ihr habt mich aufgenommen“ (Matthäus 25,35).

Auf Heimatsuche – gerade in den letzten Jahren scheint unter uns neue Liebe zur Heimat erwacht zu sein, nicht nur bei denen, die der verlorenen Heimat nachtrauern und meinen, auf das Recht zur Heimat pochen zu müssen. Wo es uns oft mehr hinauszog in die Ferne, entdecken wir jetzt das Nahe und Vertraute, das Heimatliche und Heimelige. Die Provinz wird neu entdeckt. Die Fremde fröstelt uns, die Heimat macht uns warm. Die Ferne ist unübersehbar, die Nähe ist überschaubar. Die Heimat spricht das Herz an und die Gefühle. Heimweh nach Heimat ist unter uns. Filme und Fernsehsendungen zum Thema „Heimat“ faszinieren Millionen. Heimatromane, Heimatvereine, Heimatmuseen und Heimatfeste erfreuen sich großer Beliebtheit. Gewiß gibt es da auch Kitsch und Kommerz. Heimat verkauft sich gut. Mit ihr lassen sich blendende Geschäfte machen. Heimatsuche kann falsche Ziele ansteuern. Notwendige Heimatpflege kann umschlagen in Heimatkult und Heimatvergötzung. Aber das ist von Übel. Es zeigt sich, daß auch die Heimat und die Menschen, die in ihr leben, infiziert sind vom Bazillus des Bösen, der Sünde, die sondert von Gott. Das erste Gebot steht auf dem Prüfstand: „Ich bin der Herr, dein Gott, du sollst nicht andere Götter haben neben mir.“ (2. Mose 20,2 und 3) Heimat kann vergötzt werden zu einem magischen Raum von Blut und Boden, wie wir es schon einmal gehabt haben. Heimat als bleibende Statt kann den Ausblick verstellen auf Gottes ewige Stadt. Sie kann zur Heimstatt werden für die Götzen der Völker. „Nehmen sie den Leib, Gut, Ehr, Kind und Weib, laß fahren dahin, sie habens kein' Gewinn“ – das ist freilich leichter gesungen als getan. Auch die Heimat kann trennend zwischen Gott und den Menschen treten. Heimat kann zur sündhaften Versuchung werden. Ihr Besitz, aber auch ihr Verlust kann das Verhältnis zu Gott belasten.

Davon aber abgesehen möchte ich Mut machen zur Liebe und Treue zur Heimat, zu der, in der wir leben, wie zu der, die wir verloren haben und die wir nur in guter Erinnerung behalten können. Das gebietet uns schon die Dankbarkeit gegen Gott und viele Menschen. Heimat will gepflegt werden, auch und gerade da, wo sie von der Verschmutzung und Zerstörung der Umwelt bedroht ist. Die Heimat verpflichtet uns, sie zu erhalten. Zur Bewahrung der Schöpfung gehört auch die Bewahrung der Heimat. Unsere Kinder und Enkel sollen in Zukunft nicht vergeblich auf Heimatsuche gehen müssen. Sie sollen eine gepflegte, geschützte, liebenswerte Heimat finden können.

Heimat im wörtlichen Sinn wird auch zum Symbol und Gleichnis. Der russische Dichter Dostojewskij hat einmal gesagt, jeder brauche einen Ort, zu dem er gehen könne, eine Stelle für sein Herz. Peter Handke, ein Schriftsteller unserer Tage, beschreibt, wie er eine Kirche betritt und auf einmal das Gefühl hat, sich auf irgend etwas oder irgend einen beziehen zu können, irgendwo daheim zu sein, wenn auch in „langsamer Heimkehr". Siegfried Lenz hat einen Roman geschrieben mit dem Titel „Heimatmuseum". Heinrich Böll meinte: „Wenn einer nach Auschwitz mit der Bombe leben und dennoch das Wort Zukunft sprechen lernen soll, muß er vertrautes Gelände unter den Füßen haben." Der Psychologe Alexander Mitscherlich schrieb: „Heimat ist die glücklichere Stufe des Daseins. Zur Heimat wird ein allmählich dem Unheimlichen abgerungenes Stück der Welt". Der Mensch, seit Adams und Evas Zeiten aus dem Paradies vertrieben, lebt jenseits von Eden. Nun sucht er nach Heimat im wörtlichen und übertragenen Sinn.

Auf Heimatsuche – innerlich ungeborgen und unbehaust sehnen wir uns nach Geborgenheit und Behausung, nach Lebenssinn und Lebensinhalt, nach einem der Unheimlichkeit der Welt abgetrotzten Stück Himmel auf Erden, nach einer Stelle für unser Herz. Mitten in der Heimat im wörtlichen Sinn kann man im übertragenen Sinn heimatlos sein. Man kann ein Dach über dem Kopf haben, aber keinen Boden unter den Füßen. Nicht wenige sind heute in der inneren Emigration und Heimatlosigkeit. Nicht wenige, nicht nur junge Leute, möchten aussteigen und suchen sich fragwürdigen, manchmal gefährlichen Heimatersatz. Der verlorene Sohn im Gleichnis des Neuen Testamentes bricht aus der väterlichen Heimat aus. Es verschlägt ihn in die Ferne und Fremde. Dort findet er nicht, was er sucht. Aber er bleibt heimgesucht vom Vater. Die Heimkehr der verlorenen Söhne und Töchter ist möglich (Lukas 15,10–32).

Fragen melden sich an: Wo bin ich so tief verwurzelt, daß ich nicht von jedem Windstoß umgeblasen werde? Wo habe ich festen Boden unter den Füßen, so daß ich standhaft sein und sichere Schritte tun kann? Wo gehöre ich hin? Wo bin ich daheim, wo kann ich mich zu Hause und wohl fühlen? Wo finde ich Geborgenheit, in die ich mich bergen kann? Wie gewinne ich Halt und Haltung, so daß ich aushalten kann, was mich schmerzt und beschwert? Wem kann ich vertrauen, mich anvertrauen? Wohin geht die Reise meines Lebens? Wo habe ich geistige Heimat für Zeit und Ewigkeit?

Jedem, der so fragend auf innerlicher Heimatsuche ist, wünsche ich, daß er Antwort findet und eine Heimat, die noch mehr und anders ist als Grund und Boden. Diese Heimat ist ein kostbares Gut, aber sie ist nicht an Ländereien gebunden. Nicht da ist man daheim, wo man seinen Wohnsitz hat, sondern da, wo Menschen sind, die einen verstehen und liebhaben. Da ist man zu Hause, wo das Haus unseres Lebens kein „Haus ohne Hüter" (Heinrich Böll) ist. Da ist man daheim, wo nicht nur Raum ist für unseren Leib, sondern auch für unser Herz und unsere Seele, für unser Gefühl und unser Gemüt. Da ist man daheim am heimatlichen Herd, wo es einem warm wird ums Herz. Ich bin dankbar, daß ich mich so daheim wissen kann in meiner Familie, bei meinen Freunden, bei vielen Menschen, mit denen ich zusammen lebe und arbeite. Ich will nicht verschweigen, daß ich mich daheim fühle in meiner Kirche und daß ich Heimat habe in meinem Glauben, bei Gott.

Von ihm sagt der Psalmist: „Herzlich lieb habe ich dich, Herr, meine Stärke! Herr, mein Fels, meine Burg, mein Erretter, mein Gott, mein Hort, auf den ich traue, mein Schild und Burg meines Heils und mein Schutz" (Psalm 18,2 und 3). Im Glauben wird die Meditation Gottes zur Meditation der Heimat. Er kommt den Fernen nahe. Er wacht über den Schlafenden, er schützt die Schutzlosen, er tröstet die Trostlosen, er befriedet die Friedlosen. Er ist der Ort, zu dem ich gehen kann. Bei ihm habe ich eine Stelle für mein Herz. Zu ihm kann ich mich flüchten. Bei ihm kann ich bleiben, bei ihm kann ich mich bergen, geborgen als Bürger in seiner Burg, gemeinsam mit anderen unter einem, seinem Dach.

So gewährt mir der Glaube innere Heimat und damit die vielberedete Identität. Zu Hause bei mir bin ich, Heimat habe ich, wenn ich Gott vertraue. „Ich liege und schlafe ganz in Frieden; denn allein du, Gott, hilfst mir, daß ich sicher wohne“ (Psalm 4,9). Wo ich „wohne“, ist meine Heimat, mein Heim. So ist der Glaube für mich die Heimat, die mir beide nicht genommen werden können.

Von Gott erzählt die Bibel. Vielleicht erinnern sich manche an das Paradies der Kindheit, wo unsere Mütter oder Großmütter am Abend mit uns beteten und biblische Geschichten erzählten. Die Bibel ist eben auch ein Heimatbuch. Ihre Geschichten sind auch Heimatgeschichten. Sie berichten von besonderen heiligen Orten, von Abraham, Isaak und Jakob, von dem Volk Israel, das durch die Wüste zog, um Heimat zu finden im gelobten Land, wo Milch und Honig fließen, eine Heimat, in dem dieses Volk noch heute nicht zur Ruhe kommt.

Die Bibel erzählt von vertrauten Stätten, von Bethlehem und Nazareth, von Kapernaum, dem See Genezareth, von Jerusalem, von Golgatha und von dem Garten des Josef von Arimathia. Nicht umsonst sind das heute bevorzugte Ziele für Pilger und Touristen. Dort finden sich die Spuren des Jesus, der seine himmlische Heimat verlassen hat, um auf die Erde zu kommen. „Obwohl die Füchse Gruben und die Vögel Nester haben, hat er nichts, wo er sein Haupt hinlegt“ (Lukas 9,58). Am Ende blieb ihm nur ein kleiner Raum zwischen Himmel und Erde am Kreuz. Auferstanden am dritten Tage, verspricht er: „Siehe, ich bin bei euch alle Tage, bis an der Welt Ende“ (Matthäus 28,20). In seiner Nähe ist Heimat.

Heimat im Glauben läßt sich finden in Worten und Liedern, in religiösen Traditionen und frommem

Brauchtum, im Kirchenjahr. Das ist kein veraltetes christliches Heimatmuseum, sondern lebendige Gegenwart, die zugleich Zukunft eröffnet.

Heimat im Glauben läßt sich finden auch in den Kirchen, die schon durch ihre Architektur, durch Bilder und Plastiken, durch Zeichen und Symbole von Gott erzählen. Verfolgte fanden in früheren Zeiten am Altar eine Asyl gewährende Freistatt. Wie eine Arche Noah können Kirchen heute das Gefühl der Geborgenheit vermitteln. Sie können Orte der Stille sein im Lärm des Alltags.

Heimat im Glauben finden wir in der Kirche, im Gottesdienst, in dem ein Fest gefeiert wird als Vorspiel des ewigen Festes. Heimat im Glauben ist in der Gemeinde, in der Gemeinschaft der Brüder und Schwestern. Sie findet sich vor Ort in der konkreten Heimat. Die Gemeinschaft der Ökumene umspannt die ganze Welt und kann sie zur Heimat machen. Wenn ich Gottesdienste in Prag oder in Hermannstadt, in London oder in Paris, in Tansania oder in Brasilien besucht habe, war mir heimatlich zumute.

Der Glaube sagt mir freilich auch, daß mir meine irdische Heimat nur auf Zeit gehört. Die Heimat ist eine Gabe Gottes, die mir nur geliehen ist. Eines Tages muß ich sie zurückgeben. Jede Krankheit erinnert mich daran, daß der Körper, in dem ich jetzt zu Hause bin, ein sehr gebrechliches und anfälliges Gebilde ist. Eines Tages wird mir von der Heimat nur noch ein kleiner Platz auf dem Friedhof übrigbleiben. Wer aber Heimat im Glauben hat, ist dessen gewiß, daß er im Tod nicht heimatlos wird. Er darf hoffen und sich freuen auf eine ewige Heimat. Dorthin sind wir letztlich unterwegs. Dort findet die Heimatsuche ihr letztes Ziel. Dort sind wir dann endgültig daheim und zu Hause. Dort wird aus der Heimat im Glauben die Heimat im Schauen. „Denn wir haben hier keine bleibende Stadt, doch die zukünftige suchen wir“ (Hebräer 13,14).

Paul Gerhardt, der Dichter vieler Gesangbuchlieder, stand mit beiden Beinen mitten im Leben.

In den Schrecken des Dreißigjährigen Krieges mußte er viel persönliches, familiäres und berufliches Leid ertragen. Immer wieder mußte er seinen Wohnsitz und seinen Wirkungsort wechseln. Von ihm stammen die Verse:

„Ich bin ein Gast auf Erden
und hab hier keinen Stand.
Der Himmel soll mir werden
da ist mein Vaterland.
Hier reis' ich bis zum Grabe;
dort in der ewgen Ruh
ist Gottes Gnadengabe,
die schleußt all Arbeit zu.

So will ich zwar nun treiben
mein Leben durch die Welt,
doch denk ich nicht zu bleiben
in diesem fremden Zelt.
Ich wandre meine Straße,
die zu der Heimat führt,
da mich ohn alle Maße
mein Vater trösten wird.

Mein Heimat ist dort droben,
da aller Engel Schar
den großen Herrscher loben,
der alles ganz und gar
in seinen Händen träget
und für und für erhält,
auch alles hebt und leget
nachdem's ihm wohlgefällt."

Alois Glück

Heimat, Natur, Umwelt – eine ethische Herausforderung

Heimat, Natur und Umwelt – über lange Jahrzehnte fanden sie im öffentlichen Bewußtsein nur wenig Beachtung. Heimatpfleger wie Naturschützer wurden milde als nostalgische, weltfremde Idealisten belächelt, die die Zeichen der Zeit noch immer nicht begriffen hatten. Die Zeichen der Zeit: Das war die moderne Industriegesellschaft, das technisch-wissenschaftliche Zeitalter. Der technisch-naturwissenschaftliche Fortschritt schien vielen Menschen den Aufbruch in ein „goldenes Zeitalter" zu versprechen. Alles schien planbar, alles machbar, alles erreichbar. Man war stolz darauf, daß nur noch „harte" Fakten zählten, die beweis- und analysierbar waren. Gelten sollte nur noch, was sich in Zahlen und Daten, in Bilanzen und Statistiken erfassen ließ, was „rechenbar" und mathematisch exakt darstellbar war.

Heimat, Natur und Umwelt hatten in diesen „modernen Zeiten" nur einen geringen Stellenwert. Denn weder ist Heimat mit der Angabe von geographischen Längen- und Breitengraden oder in Höhenmetern, noch sind Natur und Umwelt allein mit Hilfe biologischer Daten und chemischer Formeln für uns Menschen genügend erfahrbar. Wer Tiere, Pflanzen und Biotope nur mit den Methoden der Biologie und der Chemie beschreiben will, greift zu kurz. Er erfaßt ihr eigentliches Wesen nicht. Wer Überlieferung, Tradition, Erfahrungen und Gefühle als unwissenschaftlich abtut und unter Ideologieverdacht stellt, für den haben Heimat, Natur und Umwelt keinen Platz im „modernen Denken".

Heimat und Natur entziehen sich weitgehend den Denkkategorien des technisch-naturwissenschaftlichen Fortschritts. Welchen Wert hat eine jahrhundertealte Linde, die uns aus frühen Kindheitstagen schon vertraut ist, der erste Star in der Frühlingssonne oder auch das Denkmal an einer Weggabelung? In Mark und Pfennigen ausgedrückt, ist ihr Wert sicher nicht hoch zu veranschlagen. Ihr Eigentliches ist nicht berechenbar, und doch ist es für unser Menschsein, für unser Heimischwerden und unser Wohlbefinden von entscheidender Bedeutung.

„Ganz offensichtlich", schreibt der Philosoph Ulrich Hommes, „verkümmert der Mensch selbst, wenn er sich zur Natur nur nach dem Herrschaftsprinzip verhält. Er bleibt dabei nicht allein der Natur etwas schuldig, sondern sich selbst, denn er schneidet sich ab von den Zusammenhängen, die für sein Wohlbefinden abdingbar sind... Wenn Natur nichts anderes mehr als eine Masse ist, über die der Mensch verfügen kann, werden große Teile ursprünglicher Wahrnehmung einfach fremd werden. So schrumpft dann die natürliche menschliche Fähigkeit, zu sehen und zu hören, zu gehen und zu tasten sowie zu riechen. Und so wie das Verhältnis zur Natur dermaßen verkümmert, so geht in der Folge überzogenen Anspruchs von Wissenschaft und Technik auch das Verhältnis zu den anderen Menschen zugrunde".

Der Glaube an die Machbarkeit fast aller Dinge und an den technisch-wissenschaftlichen Fortschritt ist innerhalb ganz weniger Jahre in eine tiefe Krise geraten. Fortschritt und Wohlstand haben ihren Kräfte freisetzenden Charakter für viele Menschen mittlerweile verloren. Der Zweifel an Sinn und Inhalt des Fortschritts nährt bei vielen Zukunftsangst und Verunsicherung. Damit einher geht ein tiefgreifender Wertewandel. An die Stelle historisch gewachsener Selbstverständlichkeiten wie Disziplin, Gehorsam, Leistung und Anpassungsbereitschaft sind mittlerweile verstärkt typische Selbstentfaltungswerte wie Selbstverwirklichung, Ungebundensein, Genuß und die Betonung emotionaler Bedürfnisse, aber auch die Suche nach Geborgenheit und überschaubaren Lebensträumen getreten.

Mit dem Zusammenbruch eines fast naiven Fortschrittsglaubens, mit der wachsenden Erkenntnis, daß Technik und Naturwissenschaften lediglich Teilaspekte unserer Welt erfassen können, beginnen wir wieder zu begreifen, daß auch Gefühle und Erfahrungen und nicht nur Zahlen und Daten einen Eigenwert haben, auf den wir ohne Schaden für unser Menschsein nicht verzichten können. Damit gewinnen aber auch Heimat, Natur und Umwelt neue Attraktivität. Die Bewahrung der Heimat und der Schutz von Natur und Umwelt werden nicht länger als eine nur liebenswerte Freizeitbeschäftigung für Nostalgiker betrachtet, sondern zunehmend als ethische Herausforderung für uns alle begriffen.

Heimat, Natur und Umwelt, die wir hier zu Recht gemeinsam nennen, galten bis vor nicht allzulanger Zeit als streng getrennte Bereiche. Zwischen dem Heimatpfleger, der sich mit großem Idealismus für das kulturelle Leben in einer Region engagierte, und dem Naturschützer, der leidenschaftlich für die Bewahrung schützenswerter Biotope und den Erhalt von Fauna und Flora eintrat, gab es meist kaum Kontakte, mitunter nicht einmal genügend Verständnis für das Anliegen des anderen. Mittlerweile hat auch hier ein bemerkenswertes Umdenken eingesetzt. Querverbindungen und Wechselbeziehungen zwischen Heimatpflege und Naturschutz werden deutlich. Immer mehr Menschen wird bewußt, daß das Engagement für die Heimat bzw. für Natur und Umwelt im Grunde den gleichen Wurzeln entspringt und das gleiche Ziel hat.

Heimat, das ist zunächst das kulturelle Leben in einer Region, das sind Volkskunst und Brauchtum, das sind Tracht, Tanz und Lied. Dieses kulturelle Erbe ist aus der jeweiligen Landschaft heraus erwachsen, von ihr bestimmt und geprägt und vielfach auch nur aus dieser Landschaft heraus verständlich. Schon hier wird die untrennbare Verflechtung von Heimat mit Natur und Umwelt sichtbar. Besonders augenfällig wird die enge Verbindung, wenn wir an den Lebensraum Wald denken. Er ist nicht nur Lebensraum für eine reiche Tier- und Pflanzenwelt, er prägt auch unser Heimatgefühl. Er ist fester Bestandteil unserer Sagen und Märchen und unseres Volksliedgutes. Gerade uns Deutschen wird eine besonders enge, tief empfundene Liebe zum Wald nachgesagt. Es ist daher sicher kein Zufall, daß die durch Umweltbelastungen zumindest mitverursachten Walderkrankungen bei uns nicht nur zu einem verstärkten Umweltbewußtsein der Bürger, sondern auch zu einer engeren Verbindung von Heimatpflege und Umweltschutz geführt haben.

Heimatpfleger wie Naturschützer verbindet so das Ziel, Güter zu wahren, die den Menschen befähigen, beheimatet zu sein, Wurzeln zu schlagen, sein Menschsein zu entwickeln. Heimat bedeutet eine innere Bindung an einen Ort, an einen Raum, an seine Menschen und seine Geschichte. Heimat erfährt seinen tieferen Sinn erst im Gefühl, im Erlebten und im Sinnhaften; Ähnliches gilt auch für Natur und Umwelt.

In den letzten Jahren ist immer deutlicher geworden: die Bewahrung einer lebens- und liebenswerten Heimat und einer intakten Umwelt und Natur ist in erster Linie keine ästhetische Aufgabe. Lange Zeit wurde sie freilich so begriffen. Der Heimatpfleger suchte, besonders beeindruckende Baudenkmale zu erhalten; der Naturschützer sorgte sich um seltene Orchideen oder schützenswerte Singvögel. Sicher ist die Erhaltung malerischer Bauernhäuser und jahrhundertealter Kapellen ebenso wie der Schutz und die Pflege der Landschaft Voraussetzung für Harmonie und Schönheit in unserem Lebensraum. Doch es geht mittlerweile um mehr. Wir stehen heute vor der großen Herausforderung, Heimat, Natur und Umwelt als Erbe zu begreifen, das wir für die kommenden Generationen zu bewahren, zu pflegen und zu erhalten haben. Gerade in der Umweltdiskussion wird immer mehr betont, daß wir heute Lebenden nur Treuhänder der Umwelt für unsere Kinder und unsere Enkel sind. Es ist uns nicht erlaubt, nur an unser eigenes materielles Wohlergehen zu denken und die Folgen unseres Tuns für die Mitmenschen, unsere Nachkommen und für die Schöpfung insgesamt außer acht zu lassen. Dieser Maßstab, der in die Umweltdiskussion Eingang gefunden hat, sollte auch unseren Umgang mit der Heimat bestimmen. Wer die Natur vermarktet und schädigt, vermarktet und schädigt auch die Heimat, für die Mitwelt ebenso wie für die nachkommenden Generationen.

Heimat, Natur und Umwelt sind jeweils mehr als die Summe ihrer einzelnen Elemente. Ihre lebendige Bewahrung für unsere Nachkommen erfordert daher ein ganzheitliches Denken, ein Denken in Wechselbeziehungen und Zusammenhängen. Wer ein Element leichtfertig schädigt oder herausnimmt, schädigt das gesamte System. Der Umgang mit Heimat, Natur und Umwelt stellt daher hohe Herausforderungen an unser Planen, Entscheiden und Handeln. Doch nur, wenn wir diese Herausforderung annehmen und uns der gewiß oft mühevollen Aufgabe des sorgfältigen Abwägens, Prüfens und Überdenkens unterziehen, können wir diese Herausforderung bestehen, werden wir unserer Verantwortung gegenüber der Mit- und Nachwelt gerecht.

Die Bewahrung von Heimat, Natur und Umwelt bedeutet freilich nicht, daß wir jeden Eingriff zu unterlassen hätten. Solche einfachen Antworten verbieten sich im Interesse der Menschen, der jetzt lebenden ebenso wie der nachfolgenden Generationen. Der Auftrag an den Menschen: „Macht euch die Erde untertan!" ist lange – absichtsvoll? – als Rechtfertigung für die Ausbeutung von Natur und Umwelt mißverstanden worden. Es wäre ebenso falsch, wenn wir heute nun umgekehrt glaubten, über Natur und Umwelt gleichsam eine Veränderungssperre verhängen zu müssen. Wir können und dürfen weder die Heimat noch Natur und Umwelt unter „Naturschutz" stellen. Wir sind gefordert, Antworten auf die Anforderungen unserer heutigen Zeit zu geben. Die Eigengesetzlichkeiten von Natur und Umwelt sind dabei freilich zu beachten, Schädigungen weitestgehend zu vermeiden.

Entsprechend gilt dies auch für unser Verhältnis zur Heimat. Heimat ist zwar mehr als Wirtschaftskraft und leistungsfähige Infrastruktur – niemand liebt seine Heimat wegen seiner infrastrukturellen Einrichtungen – , Heimatliebe darf sich aber nicht nur in Vergangenheit, Geschichte, Brauchtum und kulturellem Erbe erschöpfen. Heimat muß auch den Menschen heute ihr Einkommen und ihr Auskommen geben. Denn Heimat bleibt für all jene nur eine schmerzhafte Erinnerung, die sie verlassen, die abwandern müssen, weil sie an ihrem Ort oder in ihrer Region keine ausreichende Existenzgrundlage für sich und ihre Familie mehr finden. In eine ganzheitliche Betrachtungsweise gehören daher zur Erhaltung und Gestaltung der Heimat nicht nur ihre kulturelle und ökologische, sondern ebenso und gleichrangig auch ihre wirtschaftliche und verkehrstechnische Entwicklung. Es wäre ein großes Mißverständnis, wenn die Bewahrung der Heimat als eine Absage an einen vitalen Lebensraum mißverstanden würde. Am Beispiel der Siedlungsentwicklung und des Bauens sei dies näher verdeutlicht. Ein Dorf kann nicht durch seine historiengenaue Bewahrung als Heimat für die in ihm lebenden Menschen bewahrt werden. Der Versuch, durch den gesellschaftlichen Handel überlebte Siedlungsstrukturen und Hausformen aufrecht zu erhalten, ist zum Scheitern verurteilt. Ein nostalgisch verklärtes Siedlungsbild, das mit der heutigen Wirtschaftsweise und unseren Lebensformen am Ende des 20. Jahrhunderts nicht in Einklang steht, hat seinen eigentlichen Sinn verloren. Nicht um die detailgenaue Bewahrung einer durch die wirtschaftliche und gesellschaftliche Entwicklung längst überholten Siedlungsstruktur geht es, sondern darum, die Menschen heimisch sein zu lassen, ihnen Geborgenheit zu vermitteln, Wohlsein zu ermöglichen. Heimat wird uns nicht der Ort, den wir staunenden Auges wie ein ästhetisch ansprechendes, wohl ausgestattetes Museum durchwandern, sondern jenes Dorf oder jene Stadt, in dem gut Bleiben ist, in dem sich buchstäblich leben läßt.

Ästhetik ist ein wichtiger, für sich allein jedoch weder für einen Ort oder für eine Landschaft, noch für Natur und Umwelt ein ausreichender Maßstab. Ästhetik bleibt steril, wenn sie nicht gleichzeitig ein lebendiges Miteinander ermöglicht.

In der Bewahrung und Gestaltung einer lebendigen Heimat, die aus einem ganzheitlichen Denken heraus gestaltet ist, das sich dem Überkommenen ebenso wie der Gegenwart und den künftigen Generationen verpflichtet weiß, und in der Weitergabe einer möglichst intakten Natur und Umwelt an unsere Kinder und Enkel sehe ich eine der großen Herausforderungen unserer Tage an Politik, Gesellschaft und jeden einzelnen Bürger. Diese Herausforderung anzunehmen und ihr in der Verantwortung vor Gott und den Menschen gerecht zu werden, ist für jeden, der nicht nur dem Heute lebt, gewiß eine der lohnendsten Aufgaben.

Golo Mann

Unser Dorf – die Welt im kleinen

Heimat – in dem Wort liegt, oder lag wenigstens ehedem sehr viel. Zahlreiche Volkslieder zeigen es an: „Nun ade, du mein lieb Heimatland...“; und ebenso gehobenste Poesie. Joseph von Eichendorff trauerte:

„Von der Heimat hinter den Blitzen rot
Da kommen die Wolken her.
Aber Vater und Mutter sind lange tot,
Es kennt mich dort keiner mehr...“

Hier ist die verlorene Heimat, die bei deutschen Dichtern eine fast ebensogroße Rolle spielt wie die glücklich besessene oder die wiedergefundene.

Warum haben Wort und Begriff „Heimat“ nicht mehr den starken Klang wie früher? Wir alle kennen die Antwort. Es ist unsere nun schon im zweiten, demnächst im dritten Jahrhundert immer schneller fortschreitende Zivilisation mit ihren „Ballungsgebieten“ – ein charakteristisch neuer Ausdruck –, die Verkürzung von Zeit und Raum durch das Flugzeug, welches Reisen, die früher Monate dauerten, zu wenigen Stunden zusammenzieht und jede Neugierde befriedigt; diesen Sommer nach Jemen, den nächsten nach China oder Brasilien, so daß für sehr viele die alljährliche, immer gleiche Sommerreise ins Haus am Wald oder zum gewohnten Gasthof im Gebirge fortgefallen ist. Von Verpflanzungen ganzer Völker durch Krieg, von barbarischen Vertreibungen will ich hier nicht einmal reden, wenngleich zum Beispiel die Baltendeutschen, die Menschen Ostpreußens besonders tief mit ihrer nun verlorenen Heimat verbunden waren. Im allgemeinen gilt, daß Kriege auf grausame Weise Entwicklungen beschleunigen, die an sich schon im Gange waren: die Konzentrierung immer größerer Menschenmassen in immer gedrängteren Räumen. Für sie paßt das Wort Heimat nicht und hat es das schon lange nicht getan, auch nicht, als Berlin, sagen wir, „nur" eine halbe Million Einwohner besaß. Wohl konnte man sagen: „Ich liebe Berlin – aus den und den Gründen", aber kaum: „Berlin ist meine Heimat." Heimat, das bedeutete Kleinstadt und die Landschaft rings um sie her, bedeutete ein Dorf, konnte auch der einsam gelegene Bauernhof, das einsame Haus am Wald sein. Nun, dies alles gibt es ja noch, aber es charakterisiert solche Länder wie Holland, Belgien; die Bundesrepublik nicht mehr, denn dort lebt die Mehrzahl der Menschen in Großstädten. Kann schon die Großstadt selbst kaum Heimat sein, so sind es ihre sogenannten Satellitenstädte noch weniger. Ich bin kein Architekt, ich kann nicht entscheiden, ob man diese Randstädte menschenwürdiger, „heimatlicher" hätte bauen können. Ich kann nur sagen, daß ein Schauder mich ergreift, wenn ich an ihnen vorbeikomme, sei es nahe München oder Frankfurt. Daß solche Massenunterkünfte humaner hätten gebaut werden können, davon bleibe ich überzeugt; kleinere Blöcke, weniger Hochhäuser, die ja wegen der geforderten Zwischenräume ebensoviel des teuren Bodens benötigen. Jedenfalls wäre es ein Hohn, hier von Heimat zu sprechen. Nun, da sie da sind, kann man diese Schlafstätten nicht mehr los werden. Was dann?

Es gilt, Heimat zu erhalten dort, wo es sie noch gibt: in Kleinstädten, in Dorfgemeinden. Auch noch in mittleren Städten, von denen ja gerade in Bayern einige der schönsten durch den Krieg beinahe oder völlig verschont geblieben sind. So könnte ich mir denken, daß zum Beispiel die Bürger von Passau ihre Stadt noch immer als Heimat empfinden: die wunderschöne Stadt selber, die drei Flüsse, die riesigen Wälder nordwärts. Ein Gleiches mag für Landshut, für Regensburg, für Bamberg gelten. Vor allem aber sind es die Kleinstädte und, weit mehr noch, die Dörfer, die noch echte Heimat bieten, und von ihnen besonders jene, die in einer städtearmen Gegend liegen, sagen wir im nördlichen Unterfranken. Da gibt es noch Überlieferungen, da gibt es noch Heimatliebe, Heimatstolz. Es ist die Aufgabe eines Staates wie Bayern, solche Traditionen zu bewahren.

Leider ist das keineswegs immer geschehen. In den siebziger Jahren herrschte der Drang zur Eingemeindung. Recht eigentlich Lächerliches haben da nahe Verwandte von mir erlebt. Sie wohnten, wohnen noch, in einem hübschen Städtchen an der Grenze zum Bergischen Land. Gerade war ein schönes neues Rathaus erbaut worden. Nun entschied eine hochwohlweise Bürokratie in Düsseldorf: Bergisch-Neukirchen gehört von nun an zu der Stadt Opladen. Sofort wurde alles teurer: Wasser, Müllabfuhr, Elektrizität; besser oder billiger wurde jedenfalls nichts. Und was sollte nun mit dem neuen Rathaus geschehen? Immerhin, Opladen war nur einige Kilometer von Neukirchen entfernt. Aber ein paar Jahre später wurde Opladen selbst von Leverkusen eingemeindet. Nicht daß solches der dringende Wunsch des Oberbürgermeisters von Leverkusen gewesen wäre! Es war der einsame Entschluß eines hochweisen Ministeriums. War die Entfernung zwischen Neukirchen und Opladen keine bedeutende, so war sie zwischen Opladen und Leverkusen schon eine viel unerfreulichere; verstopfte Autostraßen, am schlimmsten nachmittags, wenn die Firma Bayer ihre Mitarbeiter entläßt, waren die Folgen. Immerhin erhielt Neukirchens neues Rathaus nun doch wieder eine Funktion: es sitzt dort eine einsame Dame, die ihre Mitbürger lehrt, wohin sie sich in welchen Angelegenheiten in Leverkusen zu wenden haben; erraten können sie das ja nicht. Nun aber wurde es wahrhaft grotesk. Leverkusen selber mußte einen verzweifelten Kampf gegen die Eingemeindung durch Köln führen, einstweilen mit Erfolg. Überall in den Straßen hingen die Transparente: „Lev will leben!“ Ja, aber auch Neukirchen, auch Opladen mit seiner ausgezeichneten Klinik hätte leben wollen!

Der Ruf: Man muß eingemeinden! kam ursprünglich aus Schweden. Genau genommen lautete er nicht so, sondern: „Fort mit den kleinen Schulen, fort mit den kleinen Krankenhäusern“, wovon dann die Aufhebung der Selbständigkeit des so geplünderten Städtchens oder Dorfes eine logische Folge war. Ein bayerischer Regierungspräsident hat dem Schreiber dieser Zeilen einmal erklärt, warum Eingemeindungen notwendig seien. Er war ein imposanter Herr, Autorität gepaart mit Erfahrung. Die Beispiele, die er mir gab, wirkten durchaus überzeugend. Aber galten sie für alle Fälle? Galten sie für die Mehrzahl? Das ist doch die Frage. Übrigens kam von Schweden nach etwa zehn Jahren der zweite Ruf: „Zurück zu den kleinen Schulen!" Nun war's zu spät dazu: die Schulhäuser abgerissen oder in Villen verwandelt, die Schüler dazu verdammt, ein bis zwei Stunden täglich in Bussen zu verbringen, schon nervös im Schulhof abgeladen zu werden, wo sie ihre Mitschüler, aus allen Himmelsrichtungen kommend, gar nicht recht kennenlernen können und ihre Lehrer ebensowenig.

Für unselige Eingemeindungen will ich hier ein Beispiel geben, ohne den Namen zu nennen. Ein Dorf in Unterfranken, nachweislich tausend Jahre alt, evangelisch in katholischer Umgebung; keine Industrie, ausschließlich Landwirtschaft und Handwerk. Seine sechs- bis siebenhundert Bürger sind stolz auf ihre Gemeinde, stolz auf ihre Vergangenheit; schon um 1800 besaßen sie eine Apotheke und einen Arzt. Daß sie alle CSU wählen, versteht sich von selbst. Ihr größter Stolz ist ein 300 Hektar großer Wald, welcher der Gemeinde gehört, schon seit dem Dreißigjährigen Krieg, also beinah seit vierhundert Jahren, und ebensolang pfleglich von ihr gehalten wurde, immerhin warf er zuletzt jährlich 150 000 DM ab, so daß die Gemeinde über ihre eigene Wasserversorgung und Kanalisation verfügte und sich asphaltierte Straßen gönnen konnte. Eines Tages erfahren die Bürger, daß ihr Dorf keine Gemeinde mehr ist, sondern mit elf anderen Dörfern nunmehr zu einer Nachbargemeinde gehört, deren Charakter ein völlig anderer ist: keine tausend Jahre, kaum auch nur hundert Jahre alt, weder Handwerk noch Landwirtschaft, sondern neue, bescheidene Industrien; dort, das versteht sich von selbst, wählt man SPD. Infolge der Eingemeindung gehört diesem Ort nun auch der Wald. Das kann, das darf nicht wahr sein! Wie der neue Bürgermeister erscheint, um vom Rathaus, das keines mehr ist, Besitz zu ergreifen und die Dokumente zu sichern, wird er unsanft daran gehindert. Die Enteigneten protestieren. Sie gelangen bis zum Bayerischen Verfassungsgerichtshof. Der entschied, wie er mußte, es war ja alles mit rechten Dingen zugegangen, der Landrat war frei, eine solche Entscheidung zu treffen, der Regierungspräsident stand hinter ihm. Da die stolzen Bürger immer noch hoffen, geschieht eine eigentliche Eroberung des Dorfes: Sechshundert Beamte der Landespolizei besetzen Ort und Rathaus, während weitere fünfhundert Beamte des Bundesgrenzschutzes die Grenze nach der DDR hin sichern für den Fall, daß die Rebellen etwa dorthinüber fliehen wollten. Vorsorglich hatte man Tragbaren wie auch einen Leichenwagen gebracht; man rechnete also mit einer Schlacht. Wenn es *nicht* zu ihr kam, dann muß man das der, wenn auch bitteren Weisheit der Bürger des Dorfes zuschreiben. Der verstorbene bayerische Landesbischof Dietzfelbinger, der aus jenem Orte stammte, erklärte später: „Wer die Mentalität des Dorfes kennt, weiß, daß ein derartiges Ereignis noch in hundert Jahren gegenwärtig sein wird.“ Hinzuzufügen ist, daß die Dorfbewohner einen vernünftigen Kompromiß vorgeschlagen hatten: „Gemeinsame Verwaltung, ja, aber unser Wald muß der unsere bleiben.“ Die neuen Herren, totale Sieger, die sie waren, sahen keinen Grund, sich auf einen solchen Vorschlag einzulassen... Das ist, sagen wir es offen, der verblendete, der böse Geist der siebziger Jahre. Wie konnte man sich nur aus den treuesten der Treuen die bittersten Feinde machen! Schöne Reden über den Wert von Heimat zu halten, genügt nicht; man muß schon auch etwas dafür tun.

Von Herzen hoffe ich, daß der Geist der neunziger Jahre, was Eingemeindungen betrifft, weiser sein wird als jener der siebziger, und daß man die unsinnigsten Beschlüsse jener Jahre wieder aufheben wird. Dazu bedarf es nicht einmal des Verfassungsgerichtshofes, so hoch man dessen Funktionen schätzen muß. Jedes Prinzip muß Ausnahmen zulassen, sonst wird es zur Prinzipienreiterei. Was hier gebraucht wird, ist praktischer Sinn, Einsicht, und ein wenig Güte.

Walter Flemmer

Zu Hause sein in Sprache und Literatur

1944: Die Luftangriffe auf München gehören zum vertrauten Tagesablauf des Kindes und stören die Nachtruhe des Achtjährigen.

Der dichterischen Sprache und dem Trost, den Dichtung anbietet, bin ich zuerst im Luftschutzkeller begegnet, in einem Keller, der im Ernstfall kaum Schutz geboten hätte, den man aber aufsuchen mußte, sobald das schrille Heulen der Sirenen einsetzte. Der Vater stand in Rußland im Feld, der ältere Bruder war in Frankreich gefallen. Die Mutter war mit den beiden Jüngsten allein in München.

Kaum durchschnitten die ersten Sirenenstöße die Nacht, mußten wir unsere Betten packen und in den kleinen Keller flüchten, in dem wir uns auf einer Liege zusammenkauerten, ängstlich und müde, aus dem Schlaf gerissen. Bei schweren Einschlägen warf sich die Mutter über uns, beruhigte uns.

Aber nicht an die Einschläge, an die Sirenen erinnere ich mich, viel stärker als die Erinnerung an die Töne und Bilder des Schreckens ist die Erinnerung an die Stimme der Mutter. Während des oft stundenlangen Alarms saß sie auf der Kante der Liege und las vor. Sie las Märchen vor und einige Gedichte. Immer wieder machte ich so die Reisen Sindbads des Seefahrers mit, erlebte Tausendundeinenacht, lauschte auf die Märchen der Brüder Grimm und begegnete Hans Christian Andersen. Da waren zum ersten Mal Zeilen von Claudius und Eichendorff, da waren Geschichten und Verse, die die Schrecknisse des Krieges zurückdrängten, da war die ruhige und beruhigende Stimme der Mutter, die so viele Geschichten und Gedichte immer wieder lesen mußte, immer wieder las, weil die Kinder nicht genug bekommen konnten und weil in den Worten der Dichter etwas war, was wir nicht benennen, nur empfinden konnten. Das Wort der Dichter wurde zum Vertrauten, zu dem, dem man trauen konnte. Dichtung, Sprache als Heimat, als das Zuverlässige, in das man zurückkehren konnte, auch in schlimmer Zeit, auch dann, wenn kein Ausweg mehr möglich schien.

Die Sprache der Dichter wurde im Reden der Mutter, in ihrem beruhigenden Vorlesen und Erzählen wirklich zur Mutter-Sprache, zur Sprache einer verläßlichen Heimat. In dieser Heimat wurde ich mit den Grundsituationen menschlichen Lebens vertraut, erfuhr, erlebte mit, was Liebe und Leid sind, Leidenschaft und Verlassensein, Angst und Hoffnung. In diesen Grund- und Heimatgestalten der Dichtung wurden Wahrheiten und Weisheiten angesprochen und ausgesprochen, die für ein Leben dauern konnten.

Wie die geographische Heimat ja eher eine ist, an die sich Gefühle binden, eine ist, die Menschen- und Lebensraum geworden ist, so war auch die Literatur zu einem sinnlich erfahrbaren Heimatraum geworden, den ich nie mehr verlieren wollte, verlieren konnte.

Heute weiß ich, daß das Vorlesen der Mutter nicht nur ein unersetzlicher Schutz, eine Beruhigung in einer höllischen Zeit gewesen ist, sondern daß es mich so unlöslich mit einem Teil der Weltliteratur verbunden hat, daß ich bis heute diese frühen Bilder und lebendigen Begegnungen bewahrt habe.

Verbindung, Begegnung mit einem Teil der Weltliteratur ja, aber vermittelt durch diese eine, die Muttersprache. Die Stimme der Mutter hat mir die Sprachbilder, den Klang der Sprache eingepflanzt. Auf wunderbare Weise wurde ich vertraut mit all den Worten, die Erleben, die Empfindungen, die Vorgänge und Sachverhalte beschreiben. Die Vergleiche und Adjektive, die Fülle der Möglichkeiten, mit Sprache etwas, ja fast alles festzuhalten, hier erfuhr ich sie.

Und ich erlebte im immer neuen Hinhören den Grundton, das heißt auch die Märchen der Brüder Grimm, in denen der deutsche Wald, die deutsche Landschaft eine so große Rolle spielen. In den Versen und Geschichten des Johann Peter Hebel und des Matthias Claudius schließlich war Heimat unverlierbar zum Geheimnis geworden. Indem nicht einfach irgendein Mond aufging, sondern dieser eine unvergleichliche, indem ich die Geschichte des im Salzbergwerk verunglückten Jünglings miterlebte, indem leise und vernehmlich schon das Morgenrauschen der Eichendorffschen Verse begann, wurde ich in die Heimat Sprache hineingenommen, hineingezogen.

Natürlich las die Mutter nicht nur während der Luftangriffe vor, sondern auch an den Abenden oder Sonntagnachmittagen. Sie las den Kindern vor, als ihr der Schmerz über den Tod des Ältesten alle Freude genommen hatte. In der Literatur schien etwas Unzerstörbares aufbewahrt zu sein, zu dem man sich auch in ausweglose Situation zurückwenden konnte. Die Mutter las Geschichten vor, in denen von Abenteuern und Glück die Rede war, Gedichte, in denen die Bilder einer friedlichen Natur immer wieder erschienen und in denen das Gottvertrauen auch in schlimmer Zeit angesprochen wurde. Die Erinnerung an diesen ersten Trost durch die Dichtung, an das immer mögliche Heimkehren in die Heimat Sprache, ist geblieben, und später, als ich selbst lesen gelernt hatte, konnte ich mir aus den zerlesenen Büchern die gleichen Worte zusammenbuchstabieren. Was in den Büchern stand, war nicht auszulesen, nicht auszuschöpfen.

Aus dem Feld zurück kamen als Nachlaß des gefallenen Bruders einige Gedichtbändchen, andere entdeckte ich später in der kleinen Bibliothek, die er hinterlassen hatte. Es waren sogenannte Feldpostausgaben, geheftet, auf schlechtes, holzhaltiges Papier gedruckt. Auswahlbände deutscher Lyrik: Binding und Britting, Weinheber, aber auch Claudius und Goethe, die Romantiker. Bändchen, den Soldaten mit ins Feld gegeben, Verse, die unendlich weit von der panzerdonnernden und schreckstarrenden Wirklichkeit des Krieges entfernt waren. Aber zeigten sie nicht gerade in dieser Situation einen letzten Halt auf, gaben sie nicht die heilen und heilenden Worte vor, die man gerade jetzt brauchte, im Angesicht des Todes, im Gedröhn der Befehle, der harten Männlichkeit? Dichtung, die eine andere Heimat verkörperte als der von den Nationalsozialisten pervertierte Heimatgedanke, Heimat, die nichts zu tun hatte mit Rassismus, Uniformen und

Kriegsgeschrei. Den Soldaten, die noch zu hören verstanden, mußte dies draußen in den Schützengräben besonders spürbar geworden sein, daß es eine andere Heimat gab als die durch Parolen verordnete. Feldpostausgaben, letzte Rationen gleichsam, die stärkten, wenn alles ausgeschöpft war, Heimat in einigen unsterblichen Zeilen, die stärker waren als der Lärm und die Bedrohung ringsum.

1983: Der Todestag der Geschwister Scholl jährte sich zum vierzigsten Mal. Im Fernsehen ein Film über Sophie Scholl. In einer Spiel-Dokumentation werden die letzten Tage dieser unvergleichlichen jungen Frau wieder lebendig. Am ergreifendsten die Szenen im Gestapogefängnis, als schon die Stunden vor der Hinrichtung an den Fingern abzuzählen sind. Am Abend vor der Hinrichtung die Gespräche Sophie Scholls mit der älteren Frau. Und dann wie ein letztes Gebet das abwechselnde Sprechen des Abendlieds von Matthias Claudius. Die hundert Mal gehörten, scheinbar abgeschliffenen Worte wie zum ersten Mal. Der Weg zurück in eine unzerstörbare Heimat, zu der die Schergen und Henker keinen Zutritt haben, den keine noch so brutale Gewalt versperren kann.

Der unglaublich tröstende Klang dieser Strophen, die das Gefängnis öffnen, die über die Tyrannei hinausführen, die über dem Tod stehen. Nichts Heroisches, nichts Trotzendes. Ganz einfach Worte, die jeder verstehen kann. Worte wie „wunderbar", „einfältig", wie „Kinder fromm und fröhlich sein", sind nie zuvor und nie nachher so gesagt worden. Dann in einer Stunde, in der der Henker schon bereitsteht: „Wollst endlich sonder Grämen/ Aus dieser Welt uns nehmen/ Durch einen sanften Tod." Angesichts des gewaltsamen Todes das Wort „sanft" und das Wort für die anderen, für den Nachbarn: „So legt euch denn ihr Brüder,/ In Gottes Namen nieder;/ Kalt ist der Abendhauch./ Verschon uns, Gott mit Strafen./ Und laß uns ruhig schlafen!/ Und unsern kranken Nachbarn auch."

Die beiden Frauen können diese Worte sprechen, weil sie in dieser Sprache zu Hause sind, weil sie als Kinder die Verse auswendig gelernt haben. Wer nicht das Glück hatte, als Kind dieses und andere deutsche

Gedichte auswendig lernen zu dürfen, hat nie ein wesentliches Stück Heimat erfahren. Indem Sophie Scholl das Gedicht von Matthias Claudius spricht, wächst ihr die Stille, wächst ihr der Trost zu, der aus einer unverletzbaren Sicherheit kommt. Diese Sicherheit macht den scheinbaren Triumph der Gewalt zunichte.

In den einfachen Versen des Matthias Claudius hat der Klang der deutschen Sprache eine einzigartige Weltgültigkeit erhalten. Vielleicht nur in dieser Sprache, in den unübersetzbaren Klängen der Vokale, der Kraft der Bilder, konnte die Stunde des Abends mit dem Aufgang des Mondes so beschworen werden.

Es ist nicht nötig, darüber nachzudenken, die einzelnen Sätze zu interpretieren; wer nicht die Offenheit des Empfindens zugebaut, erstickt hat, ist fähig, in diese Heimat einzutreten.

Novalis hat von der Poesie als der „großen Kunst der Konstruktion der transzendalen Gesundheit“ gesprochen und den Dichter einen „transzendentalen Arzt“ genannt. Heimat hat etwas mit Heilen zu tun, wer Heimat besitzt, ist geheilt, kann geheilt werden. Der Heimatlose ist auch der Heillose. Hartmann von Aue erhoffte sich von seinem Epos „Der arme Heinrich“, daß er „swaere Stunden möhte senfter machen“. Heimat schenkt Vertrauen; das zu Hause sein in der Dichtung ermöglicht es, nicht zu verzweifeln, auch dann nicht, wenn, wie bei Sophie Scholl, scheinbar alle Hoffnungen zunichte geworden sind.

Die Mutter hatte mich in die Heimat Literatur hineingeführt. Sie hat mich auch gelehrt, daß Bücher etwas Kostbares sind, mit dem man sorgfältig umgeht. Sie wurden trotz des häufigen Gebrauchs nicht allzusehr abgenutzt, weil ich sie liebte. Und so konnte ich sie später an meine Kinder weitergeben, die ebenfalls aus ihnen das Vergnügen des ersten Lesens schöpften, dieses Gefühl, aus vorher unverständlichen Zeichen sich eine ganze Welt erschließen zu können. Lesen als Weg in eine Heimat und als Begegnung mit der Welt, als Vorbereitung auf die Welt.

Nach den Märchen kamen für mich die Geschichten und Erzählungen, die unsere Literatur begründen, Heimatliteratur im eigentlichen Sinn. Nach dem Krieg gab es vergleichsweise wenig Jugend- und Kinderbücher. Also wurden mir Kellers Novellen, Stifters Erzählungen, Raabe, Mörike, Storm und viele andere angeboten, in dicken Vorkriegsbänden, manche noch in Fraktur gedruckt und schwer für mich zu lesen.

Ich verdanke all diese Begegnungen meiner Mutter, sie kamen aus dem inneren Bereich der Familie, von dort her, wo ich zu Hause war. Ich habe mich dann schnell selbst umgesehen, bin meine eigenen Wege gegangen. Aber den Anstoß zum Lesen hat mir die Mutter gegeben. Sie hat mir wohl die erste Stifter-Erzählung vorgelesen, sie hat mich in das Abenteuer des Lesens hineinbegleitet.

Leseerziehung beginnt in der Familie, beginnt dort, wo man die Kinder nicht einfach dem bequemen Babysitter Fernsehen überläßt, sondern sich mit ihnen zusammen der Mühe unterzieht, die Welt selbst zu buchstabieren, zu entziffern, was in vielen tausend Seiten geschrieben und gedruckt ist, was Ausdruck einer Kultur, unserer Heimat ist.

Lesen bedeutet entschlüsseln. Wir müssen uns klarmachen, welch eine ungeheure Leistung es ist, abstrakte Zeichen, Buchstaben in einen Sinn umzuwandeln. Wir begreifen diese Leistung, wenn wir den ersten Leseübungen unserer Kinder folgen. Buchstabe um Buchstabe muß aneinandergefügt werden, bis der Wortsinn entsteht. Und aus den Bedeutungen der Wörter setzt das Hirn Schritt um Schritt die Aussage eines Satzes zusammen. Lesen können ist eine Errungenschaft der kulturellen Entwicklung, vielleicht die höchste. Es gibt Völker auf einer niedrigeren Entwicklungsstufe, die nicht lesen und nicht schreiben können. Aber sie haben kein Problem, auf einen Fernsehschirm zu sehen und dort das Geschehen abzulesen.

Lesen und Schreiben sind Abstraktionsvorgänge; sie ermöglichen es uns, über das nur simpel vor den Augen Liegende hinauszugehen. Sie sind Kulturtechniken, die mühsam gelernt werden müssen, deren Weitergabe von Generation zu Generation einen Fortschritt der kulturellen Entwicklung bedeutet hat. Sollten wir zugunsten der bloßen Bildeinwirkungen darauf verzichten, uns und unsere Nachkommen der Mühe des entschlüsselnden Lesens zu unterziehen, so würden wir heute eine kulturelle Entwicklung zurückgeben, uns von jenen heimatlichen Wurzeln abschneiden, aus denen unsere Kultur gewachsen ist und aus denen sie ihr Ansehen und ihre Bedeutung gewonnen hat.

Man kann sich einrichten mit Büchern und in Büchern, man kann von Menschen zu den Büchern geführt werden, und man kann eine Einrichtung wie eine Bibliothek nehmen als ein schier unerschöpfliches Reservoir an geistiger Nahrung. Wo Bücher sind, war für mich immer Heimat, wurde Heimat, bei Büchern, mit Büchern zu Hause zu sein, wurde zur Selbstverständlichkeit.

Begegnung mit Büchern kann auch zum Abenteuer in einer Bibliothek werden. Ich erinnere mich an die Zeiten, in denen ich aus den Regalen einer städtischen Bibliothek auswählte, als ich zu einem der intensivsten Ausleiher einer Pfarrbibliothek wurde, als ich tagelang in der Universität und in der Bayerischen Staatsbibliothek saß und in jenen Büchern las, die nicht nach Hause ausgeliehen werden durften.

Stunden, Tage mit Büchern; ein nie ausschöpfbares Geheimnis wurden sie mir. Überall dort, wo sie mich in Regalen umstanden, auf mich warteten, war Heimat. Der Geruch von Büchern nahm mich gefangen, sie zu besitzen war wichtiger, als andere Dinge zu besitzen.

Fasziniert von den verschiedenen Buchgesichtern, von den unendlichen Mengen bedruckten Papiers, saß ich da und erfuhr das Glück, in Besitz, gefangen genommen zu werden.

Und ich wurde zum Käufer, zum Besitzer von Büchern. Der Schüler schon sah Bücher als seinen kostbarsten Besitz an, er legte jede übrigbleibende Mark in Bücher an, arbeitete, um Bücher kaufen zu können.

Die ersten Taschenbuchreihen erschienen nach dem Krieg in Deutschland, willkommene Gelegenheit, den Bestand endlich zu vermehren. Nun waren Hemingway, Greene, Kafka und Hamsun preiswert zu haben, jetzt konnte man den ganzen Hesse, Böll oder Thomas Mann erwerben. Die Regale füllten sich und haben seither nicht aufgehört, sich zu füllen.

Immer neu mußten die Bücher geordnet werden; und

die Lust, sie zu besitzen, ging so weit, zu wissen, wo genau jedes stand. In der Nacht oder gleichsam mit geschlossenen Augen vor den Regalen stehen zu können und mit sicherem Griff genau das gewünschte Buch finden zu können, das war's, umzugehen mit Büchern, mit ihnen zu leben, sie zu Gefährten gewählt zu haben, für ein ganzes Leben.

Dann der Versuch, auch andere, vorab die eigenen Kinder, anzustecken mit diesem Vergnügen, sehen zu dürfen, daß sich die Freude am Lesen und am Besitz von Büchern weitergeben läßt.

Lesen, das ist das nie zu Ende kommende Vergnügen, Menschen, Situationen zu begegnen, die über Alltagserfahrungen hinaus, über die Zeit und Geschichte hinaus, etwas mitzuteilen haben, das uns alle angeht, aber jeden einzelnen ergreift. Vielleicht gibt es nur wenig neue Themen in der Literatur seit den altägyptischen Märchen, den Geschichten Homers und den Stücken der griechischen Dramatiker. Aber die alten Geschichten vermögen uns ebenso wie die im modernen Gewand mit urmenschlichen Situationen des Glücks und Schreckens zu konfrontieren, vermögen uns zu Selbst- und Welterkenntnis zu führen.

Literatur ist die differenzierteste und genaueste unter den schönen Künsten. Sie ist weniger vieldeutig, weniger offen, weniger deutbar als die Musik, sie ist anders als die bildende Kunst, eine Kunst, die mit dem gleichen Material arbeitet, das jeder Mensch benutzt, mit der Sprache. Was sie ausspricht, enthüllt mehr als in anderen Künsten. Und so liefert sich vielleicht auch der Schreibende mehr als andere Künstler aus. Er kann beim Wort genommen werden. Welch ein Weg von der Geburt eines Buches im Kopf bis zum gedruckten Werk. Welch ein Umgehen und Zusammenleben mit den erfundenen Figuren. Nach dem ersten Einfall sind sie da, die Gestalten, die man erschaffen hat, und beginnen ihr eigenes Leben. Der Autor redet und lebt mit ihnen. Er liebt und haßt sie, und er meint gelegentlich, daran verzweifeln zu müssen, daß eine Figur sich so und nicht anders entwickelt, nicht anders handelt. Man mag den Grundriß, die Pläne im Kopf haben, und doch kann es dann geschehen, daß eine Gestalt sich aufmacht und ihren Weg quer durch die festgelegten Pläne geht, weil sie nur so ihr Schicksal finden kann. Das Abenteuer des Schreibens ist ein Sichausliefern an das, was man meint, schreiben zu sollen oder zu müssen.

Das Abenteuer des Schreibens besteht darin, sich in eine Lebenssituation hineinzubegeben, ohne darauf zu achten, was ringsum geschieht, ohne auf die mögliche Kritik zu schielen. Literatur ist immer auch ein Abenteuer der Freiheit, und Freiheit erprobt sich an den Grenzen. Der Leser wird, indem er sich auf die Literatur einläßt, zum Teilhaber dieser Freiheit, er tritt sein Abenteuer des Lesens an und spürt damit auch etwas vom Abenteuer des Schreibens.

Wer schreibt, begibt sich in das Haus der Sprache. Vielleicht fühlt man sich um so tiefer daheim in der Sprache, je intensiver sie als Mutter-Sprache empfunden wird. Und so ist auch das Verwenden des Dialekts ein Heimkehren.

Das Eintauchen in die Mundart kann einen Gewinn an Ausdrucksmöglichkeit bedeuten. Vieles läßt sich in der Hochsprache überhaupt nicht ausdrücken, und nie ist gute Mundart in die Hochsprache zu übersetzen. Man muß nur einmal den Klangnuancen nachhören, die in den verschiedenen bayerischen Dialekten möglich sind, um zu erkennen, wie arm, wie abgeschliffen die Hochsprache ist. Welche Unterschiede zwischen den im Allgäu gesprochenen, geschriebenen Versen zu den im Ries beheimateten, welch ein Unterschied zwischen dem Klang eines Nürnberger und Bamberger Gedichtes!

Immer wieder kann in diesem Zusammenhang an das Gespräch erinnert werden, das Carl J. Burckhardt überliefert hat und in dem er schildert, wie eines Tages der französische Philologe Lucien Hen versucht, Rainer Maria Rilke zu beweisen, wie unvergleichlich poetisch die Mundartgedichte Johann Peter Hebels seien. Hen zitierte die Anfangszeilen des berühmten Gewittergedichtes von Hebel, in dem es heißt: „Der Vogel schwankt so tief un still. Er waiß nit, won er ane will.“ Rilke erbat sich eine Übersetzung ins Hochdeutsche, insbesondere das „ane“ wollte er übersetzt haben. Und da versuchte ihm der französische Philologe klarzumachen, daß eine Übersetzung nicht möglich sei. In der Mundartzeile ist das ganze Sichbewegen des Vogels, die drückende Gewitterschwüle unvergleichlich eingefangen.

In der Mundart zu schreiben, bedeutet, einzutauchen in einen vorher nicht gekannten Reichtum der Sprache, bedeutet das Erlernen, Aufspüren neuer Farben, neuer Empfindungen. In der Mundart zu schreiben, bedeutet: Wieder mit der Sprache spielen zu können, bedeutet, am Ursprung der Melodie der Muttersprache nachhören zu dürfen, bedeutet, zu Hause sein zu dürfen im Heimathaus der Sprache.

Die Mundart ist konkret, ist das Verläßliche, vielleicht auch ein wenig das Hausbackene. Doch wenn Sprache Heimat sein soll, muß diese auch in der Mundart aufgesucht werden. Der Mensch braucht das Vertraute, das Heimatliche, um leben, um überleben zu können.

Wolfgang Frühwald

Vom Heimweh nach der deutschen Sprache

Am 25. Juli 1949 hielt Thomas Mann anläßlich der Goethe-Feier in der Paulskirche zu Frankfurt am Main eine „Ansprache im Goethejahr", die er am 1. August 1949 im Nationaltheater in Weimar wiederholte. Es war der erste Deutschland-Besuch Thomas Manns nach sechzehn Jahren, wobei eben diese sechzehn Jahre zwischen 1933 und 1949 nicht nur in der Geschichte seines Lebens, sondern auch in der Geschichte der Welt eine Zeiterfahrung bezeichnen, die durch Nationalsozialismus und Krieg zum Abgrund geraten ist. In einer „Botschaft für das deutsche Volk", die in München im Juli 1949 erschienen war, hatte Thomas Mann mitgeteilt: „Ich bin auch als amerikanischer Staatsbürger ein deutscher Schriftsteller geblieben, treu der deutschen Sprache, die ich als meine wahre Heimat betrachte." Er wiederholte dieses Bekenntnis nun in der Goethe-Rede und versuchte dabei, im Gründungsjahr zweier deutscher Staaten, im Sprachduktus an jene lange vergangene Stunde „begeistert todbereiten Aufbruchs" zu erinnern, in der sich (am 1. August 1914) für ihn die deutsche, durch Hitler dann beseitigte „Republik als innere Tatsache" hergestellt hatte. An jenem 1. August des Jahres 1914, den Thomas Mann vor der deutschen Jugend 1922 vergeblich zum Gründungstag einer deutschen Republik deklarierte, hatte Kaiser Wilhelm II. zu der vor dem Berliner Schloß versammelten Volksmenge das berühmte, sogleich als geflügeltes Zitat umlaufende Wort gesprochen: „In dem jetzt bevorstehenden Kampfe kenne ich in meinem Volke keine Parteien mehr. Es gibt unter uns nur noch Deutsche."

An dieses geflügelte Wort also knüpfte Thomas Mann in dem Augenblick an, in dem (am 23. Mai 1949) das Grundgesetz der Bundesrepublik Deutschland bereits verkündet war und die Gründung der Deutschen Demokratischen Republik unmittelbar bevorstand. Wieder einmal war das deutsche Staatsgebiet politisch, sozial und weltanschaulich gespalten, wieder wurde die Frage der „Fremdherrschaft“ heiß diskutiert. 1922 hatte Thomas Mann die Behauptung der Jugend und des Bürgertums, daß die Republik die Fremdherrschaft sei, dadurch zu widerlegen versucht, daß der Republik und Demokratie im Gemeinschaftsgefühl einer Sprach- und Kulturgemeinschaft verwurzelte; jetzt, 1949, versuchte er nochmals den politischen Begriff der „Fremdherrschaft“ idealistisch umzudefinieren. In der Rede „Von Deutscher Republik“ hatte er 1922 ausgerufen; „Die Republik – als ob das nicht immer noch Deutschland wäre! Die Demokratie – als ob das nicht heimlichere Heimat sein könnte als irgendein strahlendes, rasselndes, fuchtelndes Empire!“ In der „Ansprache im Goethe-Jahr“ aber stellte er nachdenklich fest:

> „Trümmer umgeben mich, welche die nationale Katastrophe sinnfällig zurückgelassen, und ich finde das Land zerrissen und aufgeteilt in Zonen der Siegermächte, und ich verstehe nur zu wohl den patriotischen Gram, die bittere Ungeduld, aus der, laut oder leise, das Wort ‚Fremdherrschaft‘ bricht. Lassen wir es wahr sein, daß die Herrschaft des Ungeistes, die zwölf Jahre lang über Deutschland lag und aus der alles hervorging, schlimmere Fremdherrschaft war. Was nun ist, schmerzt und reizt und lastet doch schwer genug, und die Sehnsucht, es möchte enden, wäre keinem Volke auf Erden fremd. Eines Tages muß und wird es enden. Mir aber, wie ich hier stehe, gilt es schon heute nicht. Ich kenne keine Zonen. Mein Besuch gilt Deutschland selbst, Deutschland als Ganzem, und keinem Besatzungsgebiet. Wer sollte die Einheit Deutschlands gewährleisten und darstellen, wenn nicht ein unabhängiger Schriftsteller, dessen wahre Heimat, wie ich sagte, die freie, von Besatzungen unberührte deutsche Sprache ist?“

Die Repräsentation der Einheit Deutschlands also eignete sich Thomas Mann noch 1949 zu und stellte sich damit nicht nur in die Tradition der bürgerlichen Literatur des 19. Jahrhunderts, sondern auch in die eines

„anderen, besseren, geheimen“ Vaterlandes, welche eines der großen Themen der deutschsprachigen Exilliteratur (seit 1933) und des intellektuellen Exils in Europa seit der Französischen Revolution überhaupt gewesen ist. Aus der politischen, sozialen und ökonomischen Zerrissenheit Deutschlands an der Wende vom 18. zum 19. Jahrhundert hatte eine intellektuelle und ästhetische Elite, unter Anknüpfung an die Vorstellung der „zwei Frankreich“, die Idee einer deutschen Kultur- und Sprachnation entwickelt, die quer durch das zerrissene deutsche Staatsgebiet das einigende Band Deutschlands bilden sollte.

Diese durch Goethe, Schiller, Fichte und die deutsche Romantik an das 19. Jahrhundert vermittelte Idee war eine der Leitideen einer „deutschen Nationalliteratur“, wirkmächtig noch in den zwanziger Jahren des zwanzigsten Jahrhunderts, aktualisiert in den Kreisen der vertriebenen Schriftsteller und Gelehrten aus Hitler-Deutschland, durch Thomas Mann an die Generationen des Krieges und der Nachkriegszeit vermittelt und in jüngerer Zeit bei deutschsprachigen Autoren der DDR und der Bundesrepublik erneut diskutiert. In der Geschichte ihrer Überlieferung freilich hat die Idee einer im mythischen Grund der Sprach-, Poesie- und Rechtsgemeinschaft wurzelnden Kulturgemeinschaft so viel ideologischen Ballast aufgenommen und zugleich so viele Differenzierungen verloren, daß sie schließlich zu der bildungsbürgerlichen Vorstellung einer im Idiom der Literatursprache verbundenen sozialen Elite verengt wurde. Dabei war die Idee einer in Sprache und Bildung wurzelnden Kulturnation der Deutschen zunächst universal gedacht und maßgebend an der Entfaltung des Wort- und Begriffsfeldes „Heimat“ in der deutschen Literatur beteiligt.

An der Universität Göttingen war es seit ihrer Gründung im Jahre 1737 bei der Berufung zum Professor nicht nur akademischer Brauch, eine Antrittsvorlesung zu halten, sondern Vorschrift. „Schon im Jahre 1740 (29. Januar) erging ein Zusatz zu den Statuten: ‚Eine Antrittsrede soll jeder ordentliche Professor halten und dazu durch ein Programm einladen. Ehe dieß nicht geschehen, soll er nicht beeidigt, nicht in den Senat eingeführt werden und seine sonstigen Rechte nicht ausüben.'" Natürlich mußte die Antrittsrede in lateinischer Sprache gehalten werden, auch wenn die Eleganz des Periodenbaus bei den Gelehrten, die sich im Laufe des 18. Jahrhunderts in ihren wissenschaftlichen Schriften zunehmend der französischen oder der deutschen Sprache bedienten, längst einem hölzernen Schullatein gewichen war. Am 13. November 1830 hielt Jacob Grimm, der am 12. Oktober 1829 zum Bibliothekar und zum ordentlichen Professor der Philosophie nach Göttingen berufen worden war, dort seine Antrittsrede über das Thema „De desiderio patriae", das heißt: „Über die Heimatliebe".

Nur schweren Herzens hatten die Brüder Jacob und Wilhelm Grimm von ihrer hessischen Heimat, der Landgrafschaft Hessen-Kassel, Abschied genommen, der sie als dem Land ihrer Geburt und ihrer Kindheit eng verbunden blieben. Heimat schien ihnen stets die eng umgrenzte Region, schienen die vertrauten Gassen der Vaterstadt, die dialektgefärbten Laute der Muttersprache. Heimat war für Jacob Grimm zunächst nur der enge Winkel (angulus), in dem wir das Licht der Welt erblickt und an der Mutterbrust gesaugt haben. So heißt es zu Beginn der Antrittsvorlesung: „Alle liebevollen Gefühle aller aber, um mit Cicero zu reden, umfaßt das eine Vaterland; daher sei es durch eine Wohltat der Natur tief in unsern Sinn und unsere Seelen hineingelegt, gleichwie uns jener Winkel, in welchem wir zum ersten Mal das Licht der Welt erblickt und an der Mutterbrust gesaugt haben, vor allen andern anlacht; von einer unersättlichen Sehnsucht werden wir immer getrieben sein, wenn es jemals nötig war ihn zu verlassen und in einem andern Lande hängenzubleiben."

Eine solche regional enge Umgrenzung des Heimatbegriffes, der emotional verankert ist, entspricht durchaus den Vorstellungen des 18. Jahrhunderts, einem Deutschland der mehr als tausend Vaterländer, in dem die Ungelehrten an der gemeinsamen Schriftkultur nicht teilgenommen haben, die Gelehrten Latein, die Regierenden aber Französisch, die Sprache des Hofes, sprachen. Noch Johann Gottfried Herder, für den Klopstock ein Genie war, „das auch in der Sprache eine neue Zeit anfängt", beklagte am Ende des 18. Jahrhunderts, daß das Deutsche ein Knecht- und Mägdedialekt war, den man ohne Anspruch der Kultivierung auch nur mit Knechten und Mägden gesprochen hat:

„... mit wem man Deutsch sprach", heißt es in den „Briefen zur Beförderung der Humanität" (1793/97), „der war Domestique (nur mit denen von gleichem Stande sprach man Französisch und forderte von ihnen diesen Jargon als ein Zeichen des Eintritts in die Gesellschaft von guter Erziehung, als ein Standes-, Ranges- und Ehrenzeichen); zur Dienerschaft sprach man, wie man zu Knechten und Mägden sprechen muß, ein Knecht- und Mägdedeutsch, weil man ein edleres, ein besseres Deutsch nicht verstand und über sie in dieser Denkart dachte ..."

So ist es nicht verwunderlich, daß das deutsche Wort „Heimweh", das literatursprachlich erst durch die Romantiker entdeckt wurde, im 18. Jahrhundert als fachsprachlicher Terminus in der Sprache der Medizin lebte, das als das „Schweizer Heimweh" die an psychosomatischen Symptomen nur schwer erklärbare Krankheit definiert wurde, die den Schweizer erfaßt, wenn er in der Fremde die heimatlichen Melodien hört, oder, wie Goethe bei der Diskussion von Schillers „Wilhelm Tell" meinte, wenn er diese Melodien eben nicht hört, „seinem Ohr" demnach „ein Jugendbedürfniß mangelt", so daß daraus „Heimwehe" entsteht. Noch in Mignons Klage („Kennst du das Land"), einem der bewegendsten literarischen Texte, in welchem Heimweh gestaltet ist, wird das Wort selbst (ebenso wie in Goethes Schauspiel „Iphigenie") der strengen Dialektbindung wegen vermieden. In diesem semantischen Feld erhitzte sich die gelehrte Disputation „de nostalgia Helvetorum" (über das Schweizerheimweh) an der Frage, ob nicht die angeblich schlechte Luft der Gebirgstäler die Ursache dieser Krankheit sein könne.

Bis zur Mitte des 18. Jahrhunderts etwa gibt es im Umfeld von „Heimat" und „Heimweh" eine auffällige Fluchterscheinung. Im gleichen Maße nämlich, in dem die territoriale, die politische und die soziale Heimat den Menschen durch Hunger, Krankheit und Unterdrückung fremd geworden und die europäische Auswanderung noch nicht zu jener Flutwelle angeschwollen war, zu der sie seit etwa 1820 aufzulaufen begann, verlagerte sich das „desiderium patriae“ ins Religiöse, wo es in der Sprache der Bibel eine Fülle von Identifikationsmustern und literarischen Bildern fand. Vom späten Mittelalter an zieht über das Kirchenlied und die Sprache des Pietismus in die seit der Mitte des 18. Jahrhunderts entstehende deutsche Literatursprache ein Strom von Bildern aus dem Wortfeld „Heimat“ ein, dessen ästhetisierende Kraft noch in Friedrich Nietzsches Gedicht „Vereinsamt“ nachklingt und in Heinrich Jung-Stillings Roman „Das Heimweh“ (1794) mit der Verheißung: „Selig sind die Heimweh haben, denn sie werden nach Haus kommen“ nur prägnant verdichtet wurde. Die elementare Heimatsehnsucht gerade jener Unterschichten, denen „Heimat“ im Sinne von Sicherheit und Entfaltung der Lebensmöglichkeiten vorenthalten wurde, bricht sich Bahn im Kirchenlied, im Märchen und im Brauchtum. Das Heimatgefühl, von dem die Dichter schon früh erkannten, daß es immer mit „Erinnerung“, mit „Kindheit“ und „Jugendbedürfnis“ zusammenhängt, scheint zumindest im europäischen Kulturkreis eine so alte Erfahrung, daß sich darum Mythen und Ideologien rankten und die Vorstellung Platz griff, es sei angeboren und unverlierbar. Noch in den geläufigen (in die deutschsprachige Gegenwartsliteratur eingegangenen) psychoanalytischen Deutungen der Heimatsehnsucht, wonach wir alle vertrieben wurden, aus der Geborgenheit des dunklen Mutterschoßes in das grelle Licht des Lebens, aus dem naiv vertrauenden Kindsein in das vom Erkenntnisschock erfaßte Dasein der Erwachsenen, ist die von Heinrich von Laufenberg im späten Mittelalter angeschlagene Melodie zu vernehmen:

> „Ich wöllt, daß ich doheime wär
> Und aller Welte Trost entbehr.
>
> Ich mein, doheim im Himmelrich,
> Do ich Gott schauet ewiglich.“

Jacob Grimms Göttinger Antrittsvorlesung ist insofern in der abenteuerlichen Geschichte von Heimatliebe und Heimatsehnsucht ein Schwellentext, als sie gleichsam die „Nationalisierung“ des vorher engen regionalen Heimatbegriffes und zugleich die Säkularisierung (und die Verengung) des früher so weiten religiösen Pendants dazu anzeigt. Grimms Denken wurzelt in der Gelehrtentradition des 18. Jahrhunderts, das heißt: er lebte in einer unermeßlich weiten, viele Länder, Sprachen und Zeiten (bis hin zur mythischen Urzeit) umfassenden geistigen Welt, doch war das Pendant dieser geistigen Weite die vertraute und reale Nähe der heimatlichen Dialektregion. Wie Kant, von dem erzählt wird, daß ihn schon wenige Stunden von dem heimatlichen Königsberg entfernt Unruhe, Beklemmung und Heimweh befallen haben, so daß er sein Leben allein in Königsberg verbrachte, so schien auch Jacob Grimm Göttingen nicht nur politisch „Ausland“ zu sein; die Entfernung zwischen Kassel und Leipzig gar beschrieb er mit den märchenhaften Formeln einer Wanderschaft über hohe Berge und durch weite Täler. Jacob Grimm ging nur ungern aus der Heimat hinaus in die Welt, und holte sich die Weite dieser Welt in die Enge seiner Studierstube herein.

Die um 1820/30 faßbare Nationalisierung des Heimatbegriffes als neue Entwicklungsstufe regionaler Vorstellungen ist zur Modellbildung deshalb geeignet, weil strukturell daran die gleichen Phänomene abzulesen sind, die heute angesichts einer Europäisierung dieses Begriffes zu beobachten sind, wobei die Universalisierung, also das Schicksal der nach uns kommenden Generationen, schon in unsere Gegenwart hineinragt. Das „kosmische Erschrecken“ der Astronauten, welche erstmals die Welt, den Planeten Erde, als eine lebendige, blaue Kugel inmitten der leblosen Wüste des Alls mit Augen gesehen haben, steht am Anfang einer Zeit, welche eine ganze, klein gewordene Welt als jenen Winkel der Geburt, als die Heimat des Menschen erkennen wird. Schrecken und Begeisterung der kosmischen Menschheitserfahrungen sind bei Jean Paul und Adalbert Stifter schon literarisch vorweggenommen, doch ist von der Fiktion zur empirischen Realität ein großer

Schritt im Bewußtsein der Menschheit. Die Rede Jacob Grimms steht an der Neuzeit konstituierenden Schwelle, an der die Auswirkungen des Modernisierungsprozesses bewußt werden und tiefe Spuren in der Sprache hinterlassen; sie steht historisch an einer Stelle, an der das psychische Elend der Auswanderer noch mehr als das materielle beklagt wird, wo tausend und abertausend Menschen nicht nur real die Heimat, sondern auch den Begriff der Heimat verlieren. Daß das Fremde leblos und dürr bleibt, wo es nicht vom Nahen und Heimatlichen gespeist wird, meint Grimm in der Rede „De desiderio patriae“: „Woraus zu ersehen, daß uns mißlingt und fehlschlägt, was immer wir nach dem Verlust der Heimat unternehmen, und daß das Los derer zu beklagen ist, die entweder von eitler Hoffnung verführt das Land wechseln oder durch Not gezwungen von Hause auswandern, und in denen bei der Suche nach einem neuen Wohnsitz alle Erinnerung und jedes Gedächtnis an die Heimat verlorengeht.“

In den „Göttingischen gelehrten Anzeigen“ erschien im 201. Stück am 20. Dezember 1830 anonym eine (von Jacob Grimm selbst verfaßte) deutsche Zusammenfassung seiner Antrittsrede, in welcher die Elemente seines Heimatbegriffes, die Konzentration auf den Begriff der Muttersprache und die „Nationalisierung“ des Begriffes in die Vorstellung der Kulturnation hinein, das heißt in den Bereich der „ausgebildeten Schriftsprache“, deutlich werden. Der den Übergang vom regionalen zum nationalen Heimatbegriff markierende Definitionsversuch Jacob Grimms umfaßt psychische, lebenspraktische, sprachliche und territoriale Elemente, aus denen zusammen erst das Heimatgefühl resultiert. „securitas“ nennt Jacob Grimm ein erstes Element des Heimatgefühles und meint damit das Gefühl, sicher in der Rechtsordnung zu stehen, doch auch das in Kindheit und Jugend grundgelegte Urvertrauen, welches menschliches Leben in Würde erst entstehen läßt. Wer dieses Urvertrauen in ein mögliches menschenwürdiges Leben zerstört oder erst gar nicht entstehen läßt, zerstört, so jedenfalls betont Jacob Grimm, die Basis einer lebenswerten Zukunft für sich und seine Kinder. „dexteritas“ ist das zweite Element des Heimatgefühls, welches aus dem Urvertrauen erwächst; es meint die Kommunikationsfähigkeit des Menschen, die sichere Bewegung in der Gemeinschaft aller Menschen; und schließlich ist das Band dieser Kommunikation eine allen gemeinsame, verständliche, in Wort und Schrift kultivierte Sprache, so daß für Jacob Grimm „Heimat" dort entstehen kann, wo in einem Land Urvertrauen und Kommunikationsfähigkeit in den Kindern durch die gemeinsame Liebe zu Sprache und Kultur grundgelegt werden. Über die Vorteile also spricht Grimm in den „Göttingischen gelehrten Anzeigen", die wir dem väterlichen Boden (patria) verdanken:

> „Sie sind von der Art, daß sie durch nichts anderes ersetzt werden mögen und daß den Auswandernden eine oft unbezwingliche Sehnsucht immer wieder nach der Heimath zurückzieht. In ihr hat sich, für alle unsere Lebensverhältnisse die gedeihlichste Sicherheit gebildet und aus dieser geht wiederum unsere Tauglichkeit und Geschicklichkeit zu beynahe allen Geschäften und Unternehmungen hervor. Hier haben unsere Schritte und Tritte festen Halt, die auf fremder Erde leichter ausgleiten, unsere Phantasie ist von Kindesbeinen an mit vaterländischer Sage und Geschichte genährt worden, unsere unauslöschlichsten Erinnerungen haften daran, selbst die Gräber ermuntern uns, den Tugenden der Vorfahren nachzueifern. In keinem Stück aber zeigt sich das Band der Vaterlandsliebe stärker, als in der Gemeinsamkeit der Sprache und es war der Hauptzweck der Rede, darzuthun, wie sich durch Entfaltung und Ausbreitung der hochdeutschen Mundart über unser gesammtes Volk das Bewußtseyn unserer Deutschheit, unbekümmert um die inneren Grenzen unserer Landschaften, erhoben, erwärmt und gekräftigt hat, und wie jetzt jeder Deutsche von Heimweh befallen wird, wenn er seiner ausgebildeten Schriftsprache entbehren sollte."

In die Göttinger Rede hat Jacob Grimm mit Vorsatz ein deutsches Wort und ein althochdeutsches Zitat eingefügt, beides mit der Absicht, sinnenhafte Unmittelbarkeit des Erlebens bei seinen Zuhörern herzustellen. In lateinischer Sprache geht Grimm mit dem Gelehrtendialekt, der sich wie eine Hornhaut über Vaterlandsliebe und Heimatgefühl gelegt habe, ins Gericht.

In lateinischer Sprache spricht er über das Heimweh des Gelehrten nach seiner Muttersprache auch und gerade in der wissenschaftlichen Kultur, und „heimwehe" ist daher das erste deutsche Wort, das im lateinischen Text erscheint; er bemerkt, daß in unserer Muttersprache die Sehnsucht nach der Heimat mit dem schönen Wort „Heimweh" bezeichnet wird: „... cupidum illum patriae amorem pulcro nomine heimwehe appellare consuevit." Wenige Zeilen nach diesem deutschsprachigen Signal im lateinischen Text aber zitiert Grimm feierlich eine althochdeutsche Klage und gesteht später (in einem Brief an Lachmann vom 15. November 1830), daß er bei der Beschwörung des Heimwehs auch an seine Heimat Hessen gedacht habe. Daß Grimm „mitten in den lateinischen Redetext – von dem es jedenfalls als ausgemacht galt, daß seine Zuhörer ihn verstanden – das Zitat aus Otfrids Evangelienbuch (I. Kap. 18, Vers 25–30) einflocht, war, so stellte Wilhelm Ebel fest, „echt Grimmscher Schalk; er habe sich, schreibt Jacob Grimm in seinem Brief an Lachmann, den Spaß gemacht, ein Stück aus Otfrid einzuflechten und feierlich zu rezitieren, was dann keiner unter den Zuhörern verstanden habe, ‚etwa Benecken abgerechnet'." Die deutschen Zuhörer also verstanden wohl, wenn er in lateinischer Sprache das Lob der Muttersprache sang – „linguam vero patriam, quae summum firmamentum rei publicae est, indefesse colamus perpoliamusque, et quam late illa vigeat, tam late Germaniam extendi non dubitemus" (Die Muttersprache aber, die das kräftigste Fundament des Staates ist, sollen wir unermüdlich pflegen und verfeinern und nicht daran zweifeln, daß, so weit und breit sie in Blüte steht, auch Deutschland sich erstreckt) –, doch sie verstanden den Redner nicht, wenn er in der Sprache seiner und ihrer Vorfahren zu ihnen sprach. So demonstrierte Jacob Grimm, für jeden seiner Hörer unmittelbar nachvollziehbar, warum in Deutschland Heimatgefühl, Staatsgesinnung und das Bewußtsein, einer großen Sprach-, Rechts- und Kulturgemeinschaft anzugehören, anders als in den romanischen Nationen nicht entstehen konnte. Die gemeinsame Sprache und mit ihr Recht und Poesie, welche zusammen „Heimat“ bedeuten, wurden durch romanische Dialekte überfremdet, das Volk somit in solche geteilt, die verstanden haben, und solche, die nicht verstehen sollten. „Ich behaupte“, sagt Jacob Grimm, „daß weder ein Volk wirklich gedeihen kann, das seine Muttersprache vernachlässigt, noch eine Sprache verfeinert werden kann von einem Volk, das seine Freiheit verloren hat.“ Die Gewalt, die für Grimm durchaus auch ökonomische Gewalt sein kann und den Menschen aus der Stätte des Urvertrauens vertreibt, zielt demnach auf die Zerstörung menschlicher Identität und Kontinuität; und eben diese Erkenntnis teilt Jacob Grimm mit den Vertriebenen und Verbannten aller Zeiten und aller Länder.

Für Jacob Grimm repräsentierte sich die deutsche Einheit in der Sprachnation, welche er als die Einheit aller Sprecher einer gebildeten und verfeinerten Sprache definierte. Sprachnation und Kulturnation fallen bei ihm so zusammen, daß keine Schicht des deutschen Volkes aus diesem Begriff ausgeschlossen bleiben muß, so daß die ausschließende Wirkung des bei Grimm noch universalen Bildungsbegriffes erst eine Entwicklung des späteren 19. Jahrhunderts ist. Die Anstrengung, die Jacob Grimm und mit ihm die ganze romantische Generation auf die Definition und die literatursprachliche Verankerung des Heimatbewußtseins und des Heimatbegriffes verwendet haben, ist eine unmittelbare Folge des Modernisierungsprozesses, als dessen hervorragende Kriterien die Beschleunigung des Erfahrungswandels und die Säkularisierungstendenzen erkannt wurden. Dem raschen Verlust von Heimat und Heimatbewußtsein im beginnenden Jahrhundert der großen Wanderungsbewegungen setzten die Romantiker die Literarisierung und die Modernisierung des Heimatbegriffes entgegen, um nicht nur literarisch zu bewahren, was real unterzugehen drohte, sondern auch um das Gemeinschaftsgefühl der deutschen Sprechergemeinschaft in Sprache, Kultur und Recht zu befestigen, kulturell zu erreichen, was politisch durch die Staaten des Deutschen Bundes, das Deutschland der 39 Vaterländer, unerreichbar schien. Daß im Laufe des

19. Jahrhunderts „Heimat“ und „Heimatgefühl“ zu retardierenden Momenten in dem sich ständig weiter beschleunigenden Prozeß der Modernisierung geworden sind, ist nicht die Schuld der Romantiker gewesen, auch wenn sie für Mythisierung und Ideologisierung Ansätze geschaffen haben. Gerade die politische Mythisierung des der Technisierung und Industrialisierung entgegengesetzten Heimatbegriffes hat gegen Ende des Jahrhunderts zu der schroffen Frontstellung zwischen literarischer Moderne und Heimatliteratur geführt, wobei die Sakralisierung immanenter Heimatvorstellungen (als die unmittelbare Entsprechung zur Säkularisierung christlich-religiöser Bedeutungen) schon vor dem Höhepunkt der Frontstellung zwischen Naturalismus und Heimatkunst, vor der Konfrontation zwischen Stadt- und Provinzliteratur in den Erzählungen Theodor Storms manifest ist. In der Erzählung „Unter dem Tannenbaum“, einer noch heute weit verbreiteten Weihnachtsnovelle, tritt schließlich das „Heimatgefühl“ – völlig säkularisiert – an die Stelle aller christlichen Gehalte des Weihnachtsfestes. Am Ende dieser Erzählung steht das Ehepaar am offenen Fenster und blickt voll Sehnsucht „dorthin, wo in unsichtbarer Ferne ihre Heimat lag. – Er legte fest den Arm um seine Frau, die ihm schweigend gefolgt war; seine lichtblauen Augen lugten scharf in die Nacht hinaus. ‚Dort!‘ sprach er leise; ‚ich will den Namen nicht nennen; er wird nicht gern gehört in deutschen Landen; wir wollen ihn still in unserm Herzen sprechen, wie die Juden das Wort für den Allerheiligsten.‘“ Storms Erzählungen bedeuten einen Rückfall hinter die von Jacob Grimm schon erreichte Position, da die Verengung des Heimatbegriffes auf die Regionalität seiner Elemente, zu der auch der Rückzug in die Regionalsprache gehört, erst jene Mythisierung ermöglicht, die dann den Weg in völkische und rassische Bedeutungen öffnet. Adolf Bartels' rassisch-biologische Definition der „Deutschheit“ ist durch einen Abgrund von Jacob Grimms sprachlich und kulturell definiertem Begriff der „Deutschheit“ geschieden. Nicht um das Heimweh nach dem Band der gemeinsamen Sprache und Kultur geht es Adolf Bartels, der noch 1942, zu seinem 80. Geburtstag, zum Ehrenmit-

glied der NSDAP ernannt wurde und das Goldene Parteiabzeichen erhielt, sondern um die Einheit des Deutschtums in Rasse und Instinkt. Und diesem schließlich mit Gewalt und großem propagandistischem Aufwand verkündeten Heimatbild setzten die Dichter des deutschsprachigen Exils die Rückbesinnung auf das „andere Deutschland", das Deutschland Goethes und der Romantik entgegen, so daß der Kreislauf der Geschichte sich zu schließen schien.

Ein Jahr, nachdem Jacob Grimm, nach dem Protest der Göttinger Sieben gegen die Aufhebung des Staatsgrundgesetzes durch König Ernst August, 1837 seines Amtes entsetzt und des Landes verwiesen worden war, schrieb er, zusammen mit seinem (als Verfasser ungenannten) Bruder Wilhelm, eine Rechtfertigungsschrift, die mit den gewaltigen, von Wilhelm Grimm entworfenen und von Jacob nur mit dem letzten Relativsatz versehenen Worten beginnt:

> „Der Wetterstrahl, von dem mein stilles Haus getroffen wurde, bewegt die Herzen in weiten Kreisen. Ist es bloß menschliches Mitgefühl, oder hat sich der Schlag electrisch fort verbreitet, und ist es zugleich Furcht, daß ein eigner Besitz gefährdet werde? Nicht der Arm der Gerechtigkeit, die Gewalt nöthigte mich ein Land zu räumen, in das man mich berufen, wo ich acht Jahre in treuem, ehrenvollem Dienste zugebracht hatte. ‚Gib dem Herrn eine Hand, er ist ein Flüchtling', sagte eine Großmutter zu ihrem Enkel, als ich am 16 December die Grenze überschritten hatte. Und wo ward ich so genannt? in meinem Geburtslande, das an dem Abend desselben Tages ungern mich wieder aufnahm, meine Gefährten sogar von sich stieß."

Jacob und Wilhelm Grimms Erfahrung, im Land der Geburt nach der Rückkehr aus der Fremde ein Fremder zu sein, ist die Erfahrung all jener aus dem nationalsozialistischen Deutschland vertriebenen Menschen geworden, die nach dem Krieg in ihre Heimat zurückzukehren versuchten. Sie hatten im Herzen das Bild ihrer Heimat mitgenommen, es dort bewahrt und wurden erst in dem Augenblick tatsächlich heimatlos, als sie das Bild ihres Herzens mit der Realität des nicht nur äußerlich zertrümmerten Deutschland verglichen. Viele sind schon nach kurzer Zeit in die Länder des Exils zurückgegangen, um das Bild von der Heimat nicht zu zerstören. Insbesondere das deutschsprachige Judentum, das sich seit dem Beginn der jüdischen Emanzipation in Deutschland im gleichen Maße eine geistige Heimat in deutscher Sprache und Kultur geschaffen hatte, in dem ihm seine Heimat territorial, politisch und sozial immer wieder, und im Laufe des 19. und 20. Jahrhunderts zunehmend stärker, bestritten wurde. Für das akkulturierte Judentum Deutschlands war die deutsche Literatur in viel stärkerem Maße Heimat als für viele andere deutsche Dichter und Schriftsteller, welche der charakteristisch deutschen Bildungsreligion huldigten. Claus Victor Bock berichtet in seinem Lebensbericht „Untergetaucht unter Freunden" (1989) von jenen jüdischen Anhängern Stefan Georges, die in Amsterdam hinter verschlossenen Fenstern deutsche Gedichte lasen, während von den Straßen die Marschlieder deutscher Soldaten ins Zimmer klangen. „Wenn wir Gedichte lesen, sind wir unsichtbar", sagte einer dieser Flüchtlinge. Und der Psychoanalytiker Heinz Kohut, der 1938 der einzige Zuschauer bei Sigmund Freuds Abreise ins Exil gewesen war, berichtet in einem Interview noch 1980:

> „Ich fühlte mich geradezu leidenschaftlich in der deutschen und österreichischen Kultur aufgehoben. Sie war für mich der Höhepunkt der Humanität – Goethe und die großen deutschen Philosophen und Schriftsteller und die deutschen Komponisten und diese ganze verfeinerte Wiener Kultur ... Und dann kamen plötzlich diese vierschrötigen Raufbolde und behaupteten, sie wären die wahren Deutschen, und ich war plötzlich ein Ausländer und gehörte nicht dazu. Es war das Ende einer Welt, es war das Ende einer Epoche. Und ich hatte das Gefühl, es war das Ende meines Lebens, nicht unbedingt in dem Sinne einer leiblichen Lebensbedrohung, sondern im Sinne eines Endes meines kulturellen Lebens."

Die deutschen Schriftsteller im Exil, die sich, wie zum Beispiel Carl Zuckmayer, als „Juden ehrenhalber" bezeichneten, haben auch dann, wenn sie nicht deutsche Juden waren, diese übersteigerte Vorstellung der „Kultur- und Sprachnation" im Exil gepflegt; sie haben versucht, in Sprache und Kunst deutsche Heimat außerhalb Deutschlands anzusiedeln, ein Weimar am Pazifik, ein Bayern in New York, ein Berlin in Los Angeles zu situieren. Die Sprache wird nun, da sie von fremden Sprachen und Kulturen unmittelbar bedroht wird, zum völligen Surrogat der Heimat und in dieser Funktion weit überfordert. Die Hoffnungen, welche die aus Deutschland vertriebenen Schriftsteller auf die Sprache setzten, das einzige, was sie aus ihrer Heimat mitgenommen hatten, entladen sich in einer Fülle von Gedichten und anderen Texten, doch in ihnen herrscht Verzweiflung vor.

> „Wir ohne Heimat irren so verloren
> und sinnlos durch der Fremde Labyrinth"

dichtete Max Herrmann-Neisse im Exil und klagte:

> „Die herrenlosen Katzen in den Gassen
> die Bettler, nächtigend im nassen Gras,
> sind nicht so ausgestoßen und
> verlassen
> wie jeder, der ein Heimatglück besaß
> und hat es ohne Schuld verloren
> und irrt nun in der Fremde Labyrinth."

Von „Wortanfällen" berichtet Elias Canetti, von fieberartigen Anfällen, in denen er viele Blätter mit deutschen Worten bedeckte, die ihm von der Gewalt der fremden Sprache bedroht schienen, und Schalom Ben-Chorin, 1913 als Fritz Rosenthal in München geboren und seit 1935 in Palästina im Exil, berichtet von seiner Begegnung mit Eres-Israel, mit dem Land des Volkes Israel: „Die Sprache, die unsere Muttersprache und Sprache der Feinde zugleich war, drängte uns in der Volksheimat Israel in ein Sprach-Exil. Eine ganze Anzahl namhafter deutschschreibender Autoren hatte den Weg nach Palästina gefunden; aber nicht zu dem Volk, das im Lande wohnte." Unter dem Druck der Heimatbildung in Sprache und durch Sprache geriet die Sprache der Exilliteratur nicht nur in Gegensatz zur in Deutschland gesprochenen (und gebrüllten) Sprache der Nationalsozialisten, sondern in eine Isolation, die das Tempo der Sprachentwicklung merklich verlangsamte und in ihren Auswirkungen für die Entwicklung der deutschen Literatur seit 1933 noch längst nicht bekannt ist. Die Elemente des bei Jacob Grimm noch überaus komplexen Heimatbegriffes zerfielen, und dieser Zerfall hatte existentielle Rückwirkungen. Die Erinnerung trat in dieser Literatur immer stärker an die Stelle der gelebten Gegenwart; viele Autoren konnten sich in das Gastland, das sie – meist widerwillig – aufgenommen hatte, nicht integrieren, weil sie an der Muttersprache als Sprachheimat festgehalten haben. Erinnerungs- und Memoirenliteratur wucherte, weil das Bild der Heimat nur darin vor dem Zerfall geschützt werden konnte.

„Was ist Heimat?
Kindheit, Wiegenklang
Sprachgewöhnung und
Erinnerungszwang ..."

dichtete Alfred Kerr im Exil, und Ernst Bloch definierte noch im „Prinzip Hoffnung" (1959) Heimat als etwas, „das allen in die Kindheit scheint und worin noch niemand war". Die völlige Entterritorialisierung des Heimatbegriffes hinderte die aus Deutschland Vertriebenen, sich in das Gastland zu integrieren, hinderte sie später weithin, in die Wirklichkeit der alten Heimat zurückzukehren. Die Heimatlosigkeit derer, die an das sprachliche Element der Kulturnation alleine glaubten, war furchtbarer als der Heimatverlust all derer, die in fernen und fremden Ländern eine neue Heimat gefunden hatten. Ernst Toller konnte im Exil sein stolzes Programm des Weltbürgertums nicht verwirklichen und erlitt jenen von den Nationalsozialisten zynisch verkündeten Identitätsverlust, der ihn in den freiwilligen Tod getrieben hat, und Stefan Zweigs Selbstmord im brasilianischen Petropolis wurde für das deutschsprachige Exil zu einer psychischen Katastrophe, die von vielen als gravierender eingeschätzt wurde als alle Siege Hitlers. Zweig, der große Europäer, der sein Herz über viele Jahrzehnte hin erzogen hatte, „weltbürgerlich als das eines ‚citoyen du monde' zu schlagen, ... entdeckte ... mit 58 Jahren, daß man mit seiner Heimat mehr verliert als einen Fleck umgrenzter Erde". Und er zögerte nicht zu bekennen, daß er von dem Tag an, an dem ihm sein Paß entzogen wurde, sich nie mehr ganz mit sich zusammengehörig empfunden hat. „Ich bin zurückhaltender geworden, als meiner Natur eigentlich gemäß wäre", schreibt er in „Die Welt von gestern" (1944), „und habe – ich, der einstige Kosmopolit – heute unablässig das Gefühl, als müßte ich für jeden Atemzug Luft besonders danken, den ich einem fremden Volke wegtrinke." Die deutsche Exilliteratur machte das Exil zum Modell des Lebens in dieser Welt und suchte gleichzeitig, als nur schwaches Gegengewicht, die Muttersprache zum Inbegriff des Heimatlichen zu machen; viele Vertriebene sind gerade an diesem heroischen Versuch gescheitert.

Das Heimatmodell, das aus Jacob Grimms Göttinger Antrittsrede gewonnen und das, seiner territorialen Bindung entkleidet, in der Diskussion deutscher Autoren im Exil nochmals belebt wurde, erweist sich damit für einen modernen Heimatbegriff zwar strukturell als ein Ansatzpunkt, es ist für das Zeitalter der Flüchtlingsströme und der Weltraumfahrt nicht mehr ausreichend. Ebensowenig aber ist der Rückgriff der Gegenwartsliteratur auf Thomas Mann und die Exilliteratur ausreichend für die Bildung eines neuen Heimatbegriffes, der ähnlich dynamisch wie der Jacob Grimms die Schwellenzeit markieren könnte, den Übergang in eine Zeit ohne Grenzen, in dem die Welt zum Vaterland des Menschen wird. Der Weg dorthin wird schmerzhaft sein und doch müssen wir ihn gehen, weil nicht dieser oder jener Heimatbegriff zu den Existenzbedingungen des Menschen gehört, wohl aber das Heimatbewußtsein als solches, das Gefühl, sicher zu sein im Vertrauen der

Menschen, sicher zu sein auf väterlicher und mütterlicher Erde, sicher zu sein in der Kontinuität und der Identität der lebendigen Sprache und ihrer Verbindung mit der Geschichte. Friedrich Nietzsches Gedicht „Vereinsamt" ist insofern nicht nur der bittere Abschluß aller Illusionen einer Kultur- und Sprachnation der Deutschen, nicht nur die Vision jener Flucht- und Vertreibungsbewegungen, die Europa knapp eineinhalb Jahrzehnte nach seinem Tod überzogen haben, sondern auch ein Postulat für menschliches Dasein in der Welt überhaupt, das vielleicht ohne das Wort und den Begriff „Heimat", aber nicht ohne das Gefühl zu denken ist, für welches dieses Wort steht, das durch Mißbrauch und Vergewaltigung nicht zerstört werden konnte:

„Die Krähen schrein
Und ziehen schwirren Flugs zur Stadt:
Bald wird es schnein –
Wohl dem, der jetzt noch – Heimat hat.

Nun stehst du starr,
Schaust rückwärts ach! wie lange
schon!
Was bist du Narr
Vor Winters in die Welt entflohn?

Die Welt – ein Tor
Zu tausend Wüsten stumm und kalt!
Wer das verlor,
Was du verlorst, macht nirgends Halt.

Nun siehst du bleich
Zur Winter-Wanderschaft verflucht,
Dem Rauche gleich,
Der stets nach kältern Himmeln sucht.

Flieg, Vogel, schnarr
Dein Lied im Wüstenvogel-Ton! –
Versteck, du Narr,
Dein blutend Herz in Eis und Hohn!

Die Krähen schrein
Und ziehen schwirren Flugs zur Stadt:
– bald wird es schnein,
Weh dem, der keine Heimat hat!"

Hellmuth Matiasek

Heimat in der Theaterwelt

Heute hier, morgen dort ... In der ohnehin an vielen Klischees orientierten Vorstellungswelt des Normalbürgers gehört der Künstler, namentlich der Theatermensch, zum fahrenden Volk, mitten unter die Nomaden, Zigeuner und Schausteller, wenn's hoch kommt, unter die Zirkuskinder. Das ist eine gern geglaubte, für die Öffentlichkeit gut verkäufliche Teilwahrheit, zutreffend und falsch zugleich. Und ein klein wenig Bestrafung ist mit dabei, so will es das Vorurteil gegen den Theaterkünstler: irgendein Opfer müsse der doch wohl bringen für seine so protzig beanspruchte künstlerische Freiheit, für die Chance, auf der Opernbühne oder in den Fernsehzeitschriften – diesen bunten Bilderbüchern für Analphabeten aller Altersklassen – ganz hoch gehandelt zu werden, als Star, der sich zwischen zwei Premieren zur Erholung oder zum Textlernen in seine Landvilla zurückzieht ...

Aber Heimat, das Gefühl, einen vom Gewühle der Welt unversehrten Ausgangs- und Rückkehrplatz zu haben, Heimat, die einen aufnimmt und umarmt, die auch bleibt, wenn einem sonst nichts mehr bleibt – so etwas vermutet man eigentlich nicht als Lebenswunsch eines Künstlers, noch vergönnte man es ihm so recht. Der von allen Musen geküßte, von Engagement zu Engagement ziehende Aussteller seiner selbst soll nicht auch noch von der Hausmannskost im Eintopf des Bürgers naschen dürfen.

Es gibt auch Künstler, die ähnlicher Ansicht sind. Sie haben die Sorge, es könnte ihnen auf einem behaglichen Lebensplatz, wie ihn eine „Heimat" nun einmal suggerieren würde, ein Stück der Unabhängigkeit verlorengehen, die den Kunstschaffenden mobil und unbestechlich hält, kritisch und unbequem. Wie könnte der seine Spottverse auf den Spießbürger loslassen, der selbst dem Establishment angehört? Es scheint, hier hat sich nun auf der anderen Seite ein schlimmes Klischeebild verfestigt, daß nämlich der Schauspieler oder Stückeschreiber ein Bürgerschreck zu sein habe, der ein stolzes Säureloch hinterlassen müßte, wenn er dem Spießer auf seinen Wohnzimmerteppich spuckt.

Heimat – die vielbesungene, mit Lyrik und Filmen verzierte, mußte immer auch ihren ernsten Anspruch verteidigen gegen Postkartenromantik und Schrebergartenidylle. Ihr Image ist immer auch vorgeprägt auf das Harmlose, den wahren Problemen Entrückte, auf einen zum Kleinräumigen und Privaten hin abgesteckten Horizont. Damit kann sich natürlich kein Schauspieler oder Theaterdichter identifizieren, fühlen sie sich doch als Bühnen-Weltbürger, dem Zeitgeist verpflichtet, und als Botschafter eines grenzenüberschreitenden Utopia, die sich allabendlich auf der Szene kühn hinwegsetzen über den Mief des Kleinbürgerlichen oder Provinziellen. Zudem bringt es die im Theaterberuf zwangsläufig geforderte Tugend der Mobilität mit sich, daß der ihn Ausübende überall ein Fremdling bleibt, selten ein Gast ist und eigentlich nirgendwo zu Hause. Das mag auch die Ursache dafür sein, daß bei vielen, die aus dem Koffer zu leben und in der Theaterkantine zu frühstücken gewohnt sind, eine Art Heimweh zurückbleibt, wie eine verschleppte Krankheit, mit deren Schmerzen man nach und nach so vertraut wird, daß man das Nachlassen derselben als neuen, schlimmeren Schmerz empfinden würde.

Gespräche der Theaterleute untereinander beweisen das. Kaum einer, der nicht ein von den ewig wechselnden Engagementorten unabhängiges Refugium hat oder sich ein solches erträumt. Es kann eine geborgte Heimat sein, eine in früher Jugend verlassene oder eine den kriegerischen oder politischen Wirrnissen zum Opfer gefallene. Meist kann man sie an der Muttersprache erkennen, an einem von keiner Schauspielschule auszutilgenden, von keinem Bühnenhochdeutsch dauerhaft zu überdeckenden Rest einer wahrhaft heimatlichen Dialektfärbung ...

Daß Heimatfilm, Heimatroman, Heimatlied und idyllische Landschaftsmalerei in der heutigen Kunstszene als Werke von zweifelhafter inhaltlicher Qualität gelten, ist ja keine Zufallsentwicklung. Von daher mag auch das tiefe Mißtrauen des Bühnendarstellers gegen die gefühlsselige Verkitschung des in seinen Ursprüngen so notwendigen Wertbegriffes „Heimat" stammen. Der Schauspieler hat einiges zur Neuorientierung beigetragen. In den siebziger Jahren geisterte der Heimatbegriff als unaufgeklärtes Negativum über unsere Bühnen, vor allem als Kritik an der Lebensform Provinz. Wahrscheinlich bedurfte es erst einer derart brutalen Auseinandersetzung mit diesem Thema, um die in ihm versteckten Gefahren aufzuzeigen. Bei deren schonungsloser Benennung haben unsere neuen Volkstheaterdichter allzugerne mit der Mistgabel zugestochen. Wort und Begriff „Heimat" waren in die Ungnade der immer eilfertig zur Meinungsmanipulation bereitstehenden Medien gefallen, waren ebenso schnell von links her denunziert worden wie ehedem mißbraucht von rechts. Erst jetzt, mit dem – übrigens auch nicht unverdächtigen – Umweg über die „Umwelt" (auch ein Heimatbegriff), über den sauren Regen und die verstrahlten Waldpilze scheint so manchem Betroffenheitsapostel ein neues Licht über der Heimat aufzugehen. Daß Heimat wieder „in" ist, reicht nicht aus für ein Bewußtwerden ihres Werts. Sie sollte schon, frei nach Goethe, ein „mit der Seele gesuchtes Land" sein.

Viele Menschen am Theater glauben, sich zu einer selbstgewählten heimatlichen Identität besser und stolzer bekennen zu können, als zu einer, in die man hineingeboren wurde. Sie scheinen mit dem Theater verheiratet zu sein, wie der scherzhafte Vorwurf des anderen, der Bühne nicht zugehörigen Lebenspartners lautet. Vielleicht ist es der unbewußte Wunsch, im Wir-Gefühl eines Ensembles seinen Halt zu finden, um sich nicht selbst aufzulösen in der Vieldeutigkeit der gelernten und gespielten Texte, in der Vielzahl der Figuren und Masken? Ob Außenstehende das als wahre Heimat gelten lassen, ist eine andere Frage. Jedenfalls ist es Heimat im weiteren und freieren Sinn als eine, die nur den Geburtsort markiert, die Herkunft, das Land, die Familie oder die Nachbarn.

Die selbstverordnete Wurzellosigkeit der Theaterschaffenden verbindet sie miteinander. Viel ist die

Rede von der „künstlerischen Heimat“, wie sie sich im Schoß der Ensembles findet, unter verständnisvollen Kollegen der unterschiedlichsten Herkünfte, zusammengeschweißt und -gerauft durch Probenarbeit und den Streß der Abendvorstellungen, durch gemeinsame Erfolge und Flops. Man bekennt sich zu einer eigenen, unverwechselbaren, sonst nirgendwo praktizierten Spielweise, zu einem Stil, zu bestimmten musikalischen Richtungen, zu Lieblingsautoren, zu einer gemeinsamen künstlerischen Perspektive, die wie der verschränkte Klang eines hochrangigen Orchesters nur in jahrelanger Aufeinander-Einstimmung wachsen kann. Bei diesem Gefühl, im Theater zu Hause zu sein, verbleibt zwar ein kleiner melancholischer Rest, das Empfinden, es sei die Wahlheimat der im eigentlichen Sinne Heimatlosen. –

Entgegen der landläufigen Meinung ist diese innere Bindung der Theatermenschen an ihr Tun und ihre Wirkungsstätte keine Flucht vor der Welt. Aber mehr als viele andere künstlerische Berufsfelder kann das Theater seine Angehörigen familiär umschließen. Es braucht nicht, wie die großen japanischen Firmen, Gymnastikstunden und Reiseprogramme einzurichten, damit die Schreibtisch- und Werkbankarbeiter einander näherkommen. Es ist alles schon da: die Teamarbeit der unterschiedlichsten Berufsgruppen an der Vorbereitung einer Produktion, die emotionale Verbundenheit durch Lampenfieber, Erfolgserlebnisse und (meist) fröhliche Konkurrenz, die Bühne als zentrale Begegnungsstätte, dazu die anderen, mit Instrumenten und vielen Objekten der Phantasie anregend vollgestopften Räume.

Auf solchem Boden finden sich Rollenpartner und Paare fürs Leben. Der neue Spielplan wird zum wichtigeren Diskussionsthema als die große Weltpolitik. Kollektive Erlebnisse wechseln ab mit so intimen Fragen wie der nach dem eigenen Ich, das sich durch die wechselnden Rollenspiele hindurch bewahren will. Dies alles sind zutiefst heimatliche Strukturen. Der Künstler in seiner öffentlichen Einsamkeit kann sich in ihnen gut aufgehoben fühlen. –

Theater zu spielen, das ist eine der denkbar schönsten Herausforderungen, die das gesamte Leben des Theatermenschen auf den hohen Rang eines Abenteuers hebt. Aller Respekt denen, die sich niemals auf eine solche Safari einlassen würden, die nach anderen Lebenswegen suchen, denen ihre Heimat zugleich auch Ruhe und stille Geborgenheit bedeutet. Aber alle Sympathie auch für diejenigen, die das Risiko einer solchen unsteten Theaterheimat auf sich nehmen. Sie bieten ja durch ihre Kunst auch ihren Zuschauern ein Stück ihrer Heimat an. Theater hat einen nicht geringen Stellenwert für die innere Bindung der Bürger an ihre Stadt. Schon ändert die Gesellschaft ihre Wertskala. Wir erkennen eine deutliche Abwendung von den rein materiellen Dingen, eine Hinwendung zum immateriellen Bereich der Phantasie, des Spiels, der Musik, der Nachdenklichkeit. Das Theater wird dabeisein, wenn dieses neue Lebensbild sich formt. Und so mancher Zuschauer wird auch im Theater ein Stück seines eigenen Seins wiedererkennen. Auch das ist Heimat, ein „mit der Seele gesuchtes Land“.

Paul Ernst Rattelmüller

Heimat zwischen Kunst und Kitsch?

Kann man hierzu überhaupt etwas schreiben, nachdem keiner dieser drei Begriffe wirklich zu erklären ist?

Was ist Heimat? Wie viele Menschen haben sich darüber schon den Kopf zerbrochen, und noch keiner hat genau bestimmen können, was alles unter diesem Wort zu verstehen ist! Die Umgebung, in der man aufgewachsen ist? Die Menschen, die einen dabei begleitet haben? Die Sprache, der Dialekt, den man erlernt hat? Ben Chorin zitiert gerne Alfred Kerr, der die Frage, was Heimat ist, mit Kindheit, Wiegenklang, Sprachgewöhnung umschrieben hat. Vielleicht vermittelt Schalom Ben Chorin dieses Gefühl in seinen Erinnerungen „Jugend an der Isar" am verständlichsten. Er, der geborene Münchner, der im Alter von zweiundzwanzig Jahren seine Heimatstadt hat verlassen müssen, schreibt als alter Herr: „Das Glockenspiel vom Rathaus läutete durch meine Kinderträume ...; aber ich will nicht vom berühmten Glockenspiel auf dem Rathausturm erzählen, sondern von einem anderen Glockenspiel, das unter diesem Namen nicht bekannt, aber meinem inneren Ohr gegenwärtig ist. Das Glockenspiel, dem ich gegen Mittag in der paradiesischen Umwelt des Englischen Gartens auf dem Monopteros lauschte."

Ben Chorin nennt seine erste Heimat „an der Isar", seine zweite, erzwungene und doch dankbar angenommene Heimat, „am Jordan". Er denkt an seine erste Heimat, trotz all des Erlittenen, ohne jede Bitterkeit, mit großer Zuneigung und Liebe, und meint: „Aus einem Land kann man auswandern, aus der Muttersprache nicht." Das erklärt den Begriff Heimat auch nur zum Teil, aber es läßt ihn erspüren, denn mit dem Verstand allein ist er eh nicht zu begreifen.

Es ist jedenfalls ein völlig anderes Verständnis als das eines Münchner Universitätsprofessors, der vor kurzem in einer öffentlichen Diskussion allen Ernstes festgestellt hat, er habe soundso viele Jahre in Berlin gelebt, da sei eben Berlin seine Heimat gewesen, dann soundso viele Jahre in N., da habe er dort seine Heimat gehabt, und nun, da er nach München berufen worden ist, sei eben München seine Heimat. – So einfach ist das. Nur möchte einem bei so einer flotten Rede der alte römische Spruch einfallen: „ubi bene, ibi patria" – wo es mir gut geht, da ist mein Vaterland. Wobei zugegebenerweise die Begriffe „Vaterland" und „Heimat" nur zum Teil die gleichen Werte abdecken und zudem von vielen jüngeren Menschen nicht mehr verstanden werden, weil sie in einer unseligen Zeit mißbraucht und damit in Mißkredit gebracht worden sind. Es mag deshalb für eine bestimmte Haltung recht typisch sein, daß derselbe Professor anläßlich dieser Podiumsdiskussion nachdrücklich gefordert hat, das Wort Heimat nicht mehr zu verwenden, weil es eben in diesen unseligen zwölf Jahren so mißbraucht worden ist. Als ob ein Wert seinen Wert nur deshalb verliert, weil mit ihm einmal eine Zeitlang Schindluder getrieben worden ist! Man möchte in diesem Fall nur raten, auch das Heimweh abzuschaffen, das halt die einen, die Wurzeln haben, kennen, andere aber nicht.

Wie steht es nun mit dem Begriff Kunst? Menschen, die zwar weltweit, deshalb aber noch lange nicht international denken, Menschen, die sich, nicht hoch über allem Regionalen, „Provinziellen" fühlend, nur als heimatlose Weltbürger begreifen, werden große Schwierigkeiten haben, all das, was die Feuilletons an großer zeitgenössischer Kunst hochpreisen, mit dem, was sie unter Heimat verstehen, in Einklang zu bringen. Haben vor allem im 19. Jahrhundert Münchner Bürger an „Tagen der offenen Tür" in Scharen die alte Akademie in der Neuhausergasse besucht, das Atelier so manchen Professors geradezu gestürmt, so ist das heute so gut wie vergessen. Haben die meisten Maler dieses Jahrhunderts gerade deshalb einen so großen Zuspruch gefunden, weil ihre Bilder von den Bürgern verstanden worden sind, weil so viele in ihren Bildern „Heimat" sozusagen sichtbar gemacht haben, so ist das Verständnis für die abstrakte Malerei und Plastik, für Collagen,

Strukturen und Environments unserer Tage nur mehr bei Galeristen, Feuilletonisten, Liebhabern und Sammlern vorauszusetzen. Das gilt für weite Bereiche der Kunst: die Malerei, die Bildhauerei, für moderne Dichtung, für das Theaterleben ebenso wie für die Musica viva.

Wer heute die Begriffe Kunst und Heimat in Verbindung bringen will, wird vor allem an die Vergangenheit denken, an die Kirchen der Romanik und Gotik, an barocke Klöster und Rokokokirchen, an prächtige Schlösser und stattliche Bauernhöfe, und kaum jemand wird auf den Gedanken kommen, daß Kinder, die heute in einer anderen Welt aufwachsen: in fehlgeplanten Trabantenstädten und anonymen Wohnblöcken, zwischen Stahl, Beton und Glas, genauso ein Heimatgefühl entwickeln wie ehedem Kinder in den Hinterhöfen einer Stadt, in Häusern allerdings, in denen jeder jeden gekannt hat.

Wie steht es nun mit dem Begriff Kitsch? Auch er ist nicht erklärbar. Man kann allerdings, so man älter wird, eine interessante Beobachtung machen, daß sich nämlich im Lauf der Zeit ein Gegenstand, der zunächst zum Kitsch geordnet worden ist, langsam dieser Klassifizierung entzieht. Das mag mit der Patina zusammenhängen, die er Jahr um Jahr ansetzt. Es ist wohl eine Generationenfrage. Jeder junge Mann kommt einmal in ein Alter, in dem er weiß, daß er gescheiter ist als der Vater, um später festzustellen, daß der es in seinem Leben so ungeschickt gar nicht gemacht hat. Über die Generation der Großeltern pflegt er je nach charakterlicher Veranlagung liebe- und verständnisvoll zu urteilen oder ein wenig zu spötteln. Für Gegenstände, die in die Welt der Urgroßeltern gehört haben, für eine Kaffeemühle, die die Urgroßmutter gedreht hat zum Beispiel, legt der Händler einige Scheine auf den Tisch, und von diesem Augenblick an steigt mit dem Preise auch die Achtung.

Ein junger interessierter Mensch, der sich heute ganz sicher in seinem Urteil über Kunst und Kitsch ist, der sehr genau zu wissen glaubt, was Kitsch ist, muß umgekehrt erfahren, daß der Kitsch von gestern heute eben nicht mehr als solcher gewertet wird. Wenn darüber genügend Zeit vergangen ist, ordnet niemand mehr nach Kunst und Kitsch, sondern nach bürgerlich, bäuerlich, höfisch. Das Wort Kitsch nimmt niemand mehr in den Mund, selbst wenn etwas über lange zweihundert Jahre eigentlich doch einer geblieben ist. Man denke nur an unsere heute so hochgeschätzten Rokokokirchen, die man in der sogenannten gebildeten Welt um 1850/60 abwertend Kirchen im Zopfstil geheißen und als Kitsch klassifiziert hat. Mit der Neugotik ist es nicht anders. Nachdem man sich zunächst auch auf seiten der Kunsthistoriker und Denkmalpfleger völlig klar war, daß das alles wertloser Kitsch ist, schlechte Kopien, unerträglicher Historismus, hat man vor einiger Zeit die Eigenständigkeit und den Wert der Neugotik entdeckt. Heute sucht man, nachdem vieles oft unter amtlichem Segen als Kitsch brutal aus den Kirchen hinausgeworfen worden ist, wieder einmal zu retten, was zu retten ist.

So fragt man sich schon, ob man Heimat von Kunst einerseits und Kitsch andererseits abgrenzen kann. Sie von Kunst abzugrenzen, ist jedenfalls schwieriger denn je, nachdem das, was heute alles unter diesem Sammelbegriff verstanden wird, zum Experimentierfeld ehrlich Suchender geworden ist, mehr allerdings noch – dieses Eindrucks kann man sich nicht erwehren – zur Spielwiese und zum Lobpreis eigener Originalität und Bedeutung. Kunst ist in unseren Tagen weitgehend zum Selbstzweck geworden, sie genügt sich selbst und ist nur mehr ungern bereit zu dienen, was eine Reaktion auf fehlende Mäzene sein mag. Die moderne Kunst sucht überregionale Anerkennung, wenn nicht sogar internationale Bedeutung und entzieht sich damit in den meisten Fällen der Bindung zur Heimat. Und was ist heute nicht alles feuilletonwürdig bis hin zu Herrn Nitsch, der sich in München, in der Städtischen Galerie im Lenbachhaus, mit Kot und Blut besudelt hat.

Es bleiben die sogenannten Naiven, wobei man an der Naivität des einen oder anderen zweifeln mag. Und es bleibt all das, was man heutzutage etwas leichtfertig unter „Volkskunst“ einordnet. Die „Bauern“möbelmalerei zum Beispiel, die von Volkshochschulen und Bildungswerken in ihren Lehrplänen auch schon flächendekkend über ganz Bayern angeboten wird. Es ist sicher eine gute Sache, Menschen zu schöpferischer Arbeit zu verhelfen, nur mit dem Begriff Heimat ist dieses Tun nicht so recht in Einklang zu bringen, wenn Spanschachteln, Truhen oder gar Schränke von Berchtesgaden bis Aschaffenburg nach den gleichen Vorbildern bemalt werden. Der gute Vorsatz, „Volkskunst", welche auch immer, wieder unter die Menschen zu bringen, will nie so recht zur Kenntnis nehmen, daß früher auch nicht jeder alles gekonnt hat, zum Beispiel Hinterglasbilder malen. Es waren einige Begabte, die oft genug nebenher gemalt haben und bei denen man bestellt hat. Sie haben in der regionalen Tradition, in der Tradition ihrer Heimat gemalt und ihre Vorbilder nicht in Büchern gesucht, in denen Hinterglasbilder anderer Länder zu finden sind, etwa rumänische, böhmische oder slowakische. Wie viele „alte" Votivbilder werden heute gemalt, für drittklassige Antiquitäten oder gar für Souvenirläden, aber nicht für die Kirche! Die Sehnsucht nach der heilen Welt öffnet einen großen Markt. So wird gerade auf dem Gebiet der Volkskunst in beachtlichen Ausmaßen mehr oder weniger geschickt gefälscht. Je stümperhafter das geschieht, desto näher kommen wir dem Kitsch.

Wie gesagt, eine klare Definition für Kitsch gibt es nicht. Und zu dieser Unsicherheit sei jetzt noch beigetragen. Jeder, der glaubt, von Kunst und Kitsch etwas zu verstehen, wird eine Lourdes-Muttergottes aus Gips, heute aus Kunststoff, ohne viel zu überlegen zum Kitsch zählen. Ist aber diese Figur auch dann noch Kitsch, wenn ihr gläubige Menschen, in Erinnerung an ihre Wallfahrt, eine kleine Grotte bauen, Lichter davorstellen, vor ihr beten? Puristen werden das bejahen. Aber kann man wirklich nur vor einer von Ästheten eingesegneten Marienfigur beten? Ist es nur vor ihr „richtig"? Gilt in diesem Fall so eine Ordnung überhaupt noch? Wer mag hier den ersten Stein werfen?

Oder wenn man an den Streit um das „echte", oder das „unechte", das volkstümliche Lied denkt: so manches Lied aus dem Isarwinkel könnte man sehr wohl unter Kitsch einordnen; ein Wildschützenlied zum Beispiel, in dem es anläßlich des Todes eines selbstverständlich völlig unschuldigen Schützen herzerweichend heißt: „Es weinte jeder Fels und jede Quelle" (über seinen frühen Tod nämlich). Wenn aber der Kraudn-Sepp dieses Lied gesungen hat, dann war es, durch seine Interpretation, mit einem Mal eben kein Kitsch mehr. – Auch das berühmte Lied von der „Rasenbank am Elterngrab" entzieht sich einer solchen Einstufung, wenn es von Menschen gesungen wird, die es mit ehrlichem Herzen singen.

In Verbindung mit dem Wort „Heimat" begleitet uns der Kitsch laufend; und man sollte in diesem Zusammenhang wohl weniger nach Kunst und Kitsch ordnen als vielmehr nach würdig und würdelos, in manchen Fällen vielleicht auch schamlos. Mit dieser Ordnung läßt es sich etwas sauberer trennen. Diese weißblaue Selbstkritik läßt sich am besten an einigen Beispielen aufzeigen.

In aller Welt denkt man, so man von Deutschland hört, an Neuschwanstein, an König Ludwig II., an Gamsbärte und Lederhosen, an Schuhplattler und Blechmusik. Diesem Bild muß man, wenn Fremde kommen, gerecht werden. Das behaupten jedenfalls hartnäckig die Fremdenverkehrsfachleute. An dieses Rezept hat sich 1966 sogar das Kulturreferat der Landeshauptstadt München gehalten. Damals war der Weltpuppenspielerkongreß in München. Die besten Puppenspieler der Welt wurden von der Stadt in den Saal des Künstlerhauses zu einem Begrüßungsabend eingeladen. Was wurde geboten? Unter anderem der Holzhackertanz, getanzt von Halbprofis. Vier Burschen, die um einen auf etwa zwei Meter zugeschnittenen Baumstamm herumspringen, schuhplatteln, dann zu ihren Holzhacken greifen und im Rhythmus der Musik so auf den Stamm einschlagen, daß die Holzschoten bis in die zweite und dritte Tischreihe fliegen, wieder schuhplatteln, wieder auf den Stamm einschlagen, daß Holzblattl auch einmal in ein Bierglas fliegen; und das alles unter dem Motto: „Gsund samma". Womit wieder einmal demonstriert worden ist, was wir doch für ein kerngesundes, uriges, unverwüstliches Volk sind.

Solche Bilder kann man im Bayernland, vor allem in Oberbayern, während der Saison bald in jedem Fremdenverkehrsort erleben. Sie werden nicht nur hierzulande gepflegt, sondern auch, wie es scheint, erfolgreich exportiert. Um die Mitte der fünfziger Jahre ist ein damals in Bayern wohlbekannter Mann, im Auftrag des Auswärtigen Amtes in Bonn, in Zusammenarbeit mit dem Goethe-Institut mit Schuhplattlern und Jodlerinnen vom Münchner Platzl nach Indien gefahren, um dort für die Bundesrepublik zu werben. Diese Fahrt wurde vom Auswärtigen Amt als Erfolg gebucht. Ein anderer Fall: Der Fremdenverkehrsdirektor eines bekannten Ortes in den bayerischen Bergen weiß, was er seiner Gemeinde und ihrer Wirtschaftskraft schuldig ist. Er organisiert im Auftrag des Auswärtigen Amtes in Bonn, in Zusammenarbeit mit dem Zweiten Deutschen Fernsehen, eine Fahrt mit den Mitgliedern des Bauerntheaters in ein Sultanat am Persischen Golf, auf daß sie dort, im Hiltonhotel, vor dem Sultan den Watschenplattler tanzen. Diese Fahrt scheint man für erfolgreich gehalten zu haben, denn ein Jahr später ist man wieder auf Reisen gegangen in ein anderes Sultanat. Da kann man dann nur kopfschüttelnd-resignierend sagen: Was waren das noch für Zeiten, als die „Wilden" zur Völkerschau auf das Oktoberfest nach München gekommen sind, um von den Münchnern und ihrem Prinzregenten gebührend in Augenschein genommen zu werden.

Ein weiteres Beispiel: Bayern präsentiert sich in Moskau mit einer Ausstellung. Zum Repräsentieren gehört unweigerlich Folklore, am geeignetsten dazu der Schuhplattler und der Holzhackertanz. Laut Augenzeugen hat der Holzhackertanz nur deshalb nicht stattfinden können, weil die Stadtverwaltung von Moskau, oder wer auch immer, nicht in der Lage war, den Holzprügel herzubringen, den man dazu braucht. Wie oft heißt es dann, auf solche Fahrten gehen die Geschäftemacher, die unser Bayern in des Wortes doppelter Bedeutung „verkaufen". Nichts dergleichen. Meistens sind es Menschen, die für so eine Fahrt eigens Urlaub nehmen müssen, um einmal in ein Land zu kommen, das sie sonst nie im Leben sehen würden. Wenn sie heimkommen, liegt bereits ein Brief des Auswärtigen Amtes auf dem Tisch, in dem neuhochdeutsch steht, daß sie gut „angekommen" seien. Diese Leute müssen ja glauben, daß sie eine patriotische Tat vollbracht haben!

Man soll zwar nicht alles glauben, was in der Boulevardpresse zu lesen steht, aber dieser Bericht ist mit Photos untermauert.

28. Februar 1989. Überschrift: „Auf a scheene Musi fährt der Minister ab", Untertitel: „Schwarz-Schilling feiert ‚Patrona Bavariae' als Post-Erfolg". Worum geht es? Das Naabtal-Duo singt sich mit einer schmalztriefenden Schnulze auf Platz drei der deutschen Hitparade und kann sich wochenlang zwischen Rock und Pop halten. Das Lied von der „Patrona Bavariae" erzählt von einem armen Buam, den sein Madl verlassen hat und der sich in seiner Verzweiflung in einem Kircherl, das natürlich am Waldesrand steht, an die Patrona Bavariae, an die Muttergottes wendet, worauf es dem Buam selbstverständlich gleich wieder ganz warm ums Herz wird. Die Pop-Fans finden es wahnsinnig komisch, haben es aber zum Mitgrölen entdeckt, andere, vor allem ältere Hörer, nehmen es zu Tränen gerührt ernst. Dieses Opus ist bislang eine halbe Million Mal verkauft worden. Und weil nun der eine der beiden Sänger Postbeamter ist, reiste gar der Herr Postminister höchst persönlich von Bonn nach Pettendorf in die Oberpfalz, um publikumswirksam den beiden Sängern zwei Schallplatten aus Platin zu überreichen. Ob der Herr Minister im Rahmen einer Dienstreise, oder in seiner Freizeit, ob dem Produzenten zuliebe oder nur aus Lust an der Freud, daß „die Post" eine Platin-Schallplatte bekommen hat, in die Provinz gekommen ist, war der Zeitung nicht zu entnehmen. Über eines allerdings kann sich das Naabtal-Duo freuen, daß der Herr Postminister nämlich „vui Gfui" bewiesen und ihnen die Meinung vermittelt hat, daß diese Schnulze Kunst ist.

Es gibt nach wie vor Kreise, in denen sich die Herren, wenn sie zum Bieranzapfen oder zum Weißwurstessen gehen, stilsicher wie sie sind, eine weiß-blaue Rautenkrawatte um den Hals binden, um anschließend, von Papiertellern, selbstverständlich mit Rautenmuster, die Weißwurst zu verspeisen und sich am Ende mit einer Papierserviette, selbstverständlich ebenfalls in den Landesfarben, den Senf vom Mund zu wischen.

Wäre es nicht eine fast logische Weiterentwicklung, von diesen Kreisen möglicherweise begrüßt: Klopapier mit Rautenmuster, verbunden mit einer Spieluhr, die, so man an der Rolle zieht, „Gott mit dir, du Land der Bayern“ oder das König-Ludwig-Lied spielt. Den Geschmacklosigkeiten sind hierzulande keine Grenzen gesetzt.

Beispiele wie diese könnte man endlos weiter erzählen, so von dem Mißbrauch, den die Trachtenmode mit ihren echten Vorbildern treibt. Zur Illustration genügt ein Blick in die Schaufenster von Souvenirläden oder auf das Angebot an Postkarten, nicht nur rund um das Münchner Hofbräuhaus. Ein schier unerschöpfliches Thema.

Diese Entwicklung braucht uns nicht zu wundern. Zum ersten gibt es nicht von ungefähr den Begriff des Berufsbayern, ein Schicksal, das wir, wenn man Willy Reichert glauben darf, nur mit den Schwaben teilen. Einen Berufspreußen scheint es jedenfalls nicht zu geben. Zum andern gibt es in der Bundesrepublik sichtlich kein anderes Gebiet, das sich, aufgrund der komödiantischen Begabung seiner Bewohner, in Tracht, Tanz, Musik, nicht zu vergessen im „Comoedispiel“, so sichtbar machen könnte wie das südliche Oberbayern. So braucht es uns auch nicht zu wundern, wenn man in der großen weiten Welt die Bayern auf dem Umweg über Oberbayern sieht, als ewig schuhplattelnde, jodelnde, fensterlnde, wildernde, raufende, lederbehoste, gamsbartbewehrte, kerngesunde Halbprimitive; möglichst zu Füßen von Neuschwanstein oder vor der Kirche in der Ramsau.

Manche unserer Landsleute sind all denen bös, die uns so sehen, oft genug sind es jedoch gerade sie selbst, die den Fremden mit patriotischem Stolz dieses Bild vorgaukeln, vorspielen; das Bild, das die Fremden dann nur allzugern glauben.

> Aber die Gemeinschaft kann für die Dauer nicht auf einem Fundus gründen, den man gemeinsam hat, sondern sie muß auf dem Ungemeinen gründen, auf dem, was jeder an Einzigartigem, Persönlichem, Nicht-Mitteilbarem besitzt, auf dem, was ihn unersetzlich macht.
> Anders hat die Gemeinschaft keine Dauer, sondern artet zur Gemeinheit aus…
> *Heimito von Doderer, Die Dämonen*

Godehard Schramm

Zwölf Läufe durch die Heimat

1

In einer Kirche in einem Dorf im Rangau schmückt seit vielen Jahren eine Frau zum Erntedank den Chor.

Auf dem Taufbecken erheben sich die sechs Bögen aus Weizenähren zur Erntekrone, darüber aus Hafer das Kreuz. Den Altarraum schmücken Früchte.

Kinder bringen an der Kanzel Bündel aus Möhren und Blumen und Majoran an. Vor dem Altarkreuz liegt ein Laib Brot.

Am Sonntag selbst gibt sich der Kirchenchor Mühe, besondere Lieder zu singen. Und wenn wir auch nach dem Gottesdienst nur wenig Gemeinsames mit den Dorfbewohnern zu besprechen haben, eint uns das gemeinsame Erlebnis.

2

Im Flur unserer Wohnung in der Stadt steht eine Kommode. Zu jedem Monatsanfang wird sie anders gestaltet. Die Blumen und Zweige verdeutlichen die Jahreszeit.

Früchte, mitgebrachte Steine und Bilder erinnern an das Eigentümliche eines jeden Monats.

Die Form dieser Zusammenstellung hält sich an Gegebenes, zugleich ist sie offen, verändert sich von Jahr zu Jahr.

Die rhythmische Wiederholung verbindet das Bekannte, zu dem man sich als sinnvoll bekennt, mit dem jeweils andersartigen Hereinwirken in den Alltag.

Ein Jahr soll weiträumig werden. Das Bemalen der Ostereier dehnt es ebenso aus wie das Binden eines Kranzes zu Johanni, der dann mit seinen Kräutern an der Tür hängt, an den Segen erinnert.

Auch Kinder spüren, daß den Erwachsenen etwas bedeutend ist, daß sie Mühe aufwenden zu einer besonderen Gestaltung.

So folgen auf die eigene Erntekrone die Martinsgans – zusammen mit Freunden gegessen –, sodann Adventskranz und Weihnachtsbaum.

Ein Schmied aus der Heimat hat uns den festen Fuß für den Baum gefertigt, auch das Gestell für den Adventskranz.

Das Nahe hereinholen ...

3

Zwar verzeichnet der Kalender alljährlich genau die Feste, doch liegen die Feste außerhalb der Zeit: sie brechen die Brandung des Alltags.

An ihrem Glanz erfahren wir, daß alle Mühe einmünden kann in ein Leuchten, das die Selbstherrlichkeit der meßbaren Ergebnisse in den Schatten stellt.

4

Das Wort „Heimat“ gleicht einem Vogel: wer es mit einer Definition festlegen will, sperrt es in einen Käfig, und dort geht es ein.

5

Egal, was jemand arbeitet: trotz aller Verkehrsmittel haben wir ein Gespür für das, was an einem Tag erreichbar ist, und zwar so, daß wir es ziemlich mühelos an einem Tag aufsuchen können.

Zur Verdaulichkeit dessen, was wir mit den Augen aufnehmen können, gehört auch eine Vorstellung von der Nähe, aus der wir nicht alle Tage herauskönnen.

In dies Alltägliche ist Heimat schon eingeflochten.

Oft erschrecke ich: wie wenig ich von dieser geographisch beschreibbaren Nähe wirklich kenne.

Die Nähe ist von weißen Flecken durchsetzt.

Dann kommen Hinweise von außen, Anregungen von Freunden, Bücher wirken mit – und es kommt zum gemeinsamen Gang: Lebenszeit hingeben für etwas des Anschauens Würdiges.

In all diesen Auswahlen spielt die geheime Herrscherin Sympathie mit.

6

Erwartung und Überraschung mischen sich jeweils jedes Jahr anders im Monatsbild.

An Michaeli werden wir an den Erzengel erinnert, der genau zu unterscheiden vermag, was gut und böse ist. Sein Schwert wünschte ich mir zum Kampf gegen den Akt der Entmündigung, der „Sommerzeit" heißt.

Da wird unser Verhältnis zur Tageszeit gestört – vorsätzlich. Wir werden aus dem Takt gebracht.

Der nächste Schritt der Heimatschändung wird die Streichung des Sonntags aus dem Kalender sein: damit die Maschinentyrannen rund um die Uhr laufen können: Es sind aber Menschen, die derlei befehlen.

7

Nicht jeden Tag gelingt es uns, vor dem Abendessen am gemeinsamen Tisch ein Stück weiter aus der Heiligen Schrift vorzulesen – wenn es aber durchgehalten wird, dann sind wir in einen Garten gegangen, gleichgültig, was jeder für sich behalten wird. Wir sind in einem Buch eingekehrt.

8

Wie immer ein Tag und wo auch immer zugebracht, kann ich sagen: „Jetzt geh' ich heim", hab ich etwas, wo ich gern bin. Heimgehen und heimkehren: die Richtung deutet's an: es geht hinein. Am Drinnen-Sein liegt's.

Es geht nicht mit „Staat-at", nicht mit „Land-at", „Stadt-at" oder „Haus-at" – nur an's Heim fügt sich's an: Heimat.

Kann nur sein, wo ich vertraut bin, beinah' wie „getraut", wo ich auf Vorschuß und aus Erfahrung vertrauen hab: da kann, da will ich gedeihen. Im Heim der Heimat gedeiht nur, was gern getan wird.

Im Anklang schon gleich: Ist mir nichts heilig, hab ich auch Heimat nicht.

9
Drei werden es immer sein: Heimat beginnt mit Landschaft, gleich wo. Wie sie sich verbindet mit Menschen und Werken, die dauern: das gibt Atmosphäre.

Wohl dem, der sie als unerschöpflichen Vorrat an Bildern erlebt.

Heimatkunde: daß ich's an Dingen und Menschen lerne, von Anfang an: da ist was, das mir lieb bleibt über die Zeit hinaus. Wie die Ikone ein Fenster zum Himmel ist, so kann Heimat die Tür zur Welt sein.

Der Heimatverein nagelt das von alleine zu, und im Heimatmuseum liegen die Kapitulationsurkunden.

Dazu schmurgeln im eigenen, ranzig gewordenen Fett die Reime der Heimatdichtung. Indessen werden von der Reklame viele Worte vergewaltigt, öffentlich; Heimat aber meint Unverletzbarkeit – aus dem Reich der Sprache gibt es keine Heimatvertriebenen: solange ich eine Sprache liebend spreche.

10
Merkwürdig: sie können das Wort Heimat inflationieren, auf daß nur so dahinkollern „Frankenschnellweg", „Frankenstolz", „Frankenhalle" und „Frankenführer": der Heimat kann das alles nichts anhaben.

Wohl dem, der sich von allem nicht beirren läßt und den Tod eines Menschen noch immer als „Heimgang" bezeichnet.

11
Wo immer sich einer wohlfühlt: egal! Heimat braucht wohl einen Ort, doch einen Namen streift sie im Empfinden immer wieder ab.

Erst wer Heimat bedingungslos, vorbehaltlos liebt – und voller Zorn über die darin erlebte Ungerechtigkeit und Unzulänglichkeit –, der erfährt sie als Bild.

Erst die Bilder sind es, in denen Heimat das ihrem Wesen nach Grenzenlose zeigt. Weltteil will sie sein – erst in Bildern zeigt sie ihren Reichtum.

Zum Kühnsten ermutigend, hält Heimat Bilder bereit: hier erfährst du den Sinn eines Kreuzgangs; hier sahst du das Wort Kreuzweg buchstabiert; hier offenbart dir das Wortbild „Schloß“, daß erst im Ungleichen die Welt sich entfalten kann; hier führt die ursprünglich lebensnotwendige „Kirchenburg“ zum Sinnbild der Kirche als Burg: wie geschlossen auch immer – ohne feste Form hält sich nichts; und auch die Brandmarkung durch fremden Zustrom hast du hier erst erfahren: am Urbild des Judenfriedhofs.

12
Wie sich Menschen im Herbst auf die Erde knien und Kartoffeln ernten: wenn's gelänge, solche Innigkeit in jede Tätigkeit zu übertragen ...

Wenn's dir gelänge, nichts von den Menschen zu erwarten, wärst du schon halbwegs daheim ...

Wenn die Arbeit getan ist: mit den Augen immer wieder dasselbe streicheln: dann vielleicht lebtest du in jener seligen Sicherheit, von der Angelus Silesius schrieb: „Ich bin so reich als Gott/ Es kann kein Stäublein sein,/ das ich, Mensch glaube mir,/ mit IHM nicht hab' gemein“.

Dann könntest du brüderlich verkehren (und dabei das Deine tun) mit Apfelblüten und Blasmusik, mit der neuesten Fabrik und dem Rapsfeld, mit Saat und Garten – mit einer Handvoll Menschen, die der Welt Schönheit übersetzen mit dem Kleingeld Heimat: begierig, deinen Kindern das Geglückte zu zeigen, unaufhörlich.

Horst Bienek

Heimreise in die Erinnerung

Es gibt eine Zeit, da es Zeit nicht gibt: Kindheit. In der Kindheit steht die Zeit still. Alles was geschieht, geschieht jetzt. Und es gibt kein Ende, es gibt keine Endlichkeit. Deshalb wohl spielt man in der Kindheit so selbstvergessen, so zeitvergessen, so weltvergessen.

Zu den Spielen meiner Kindheit – und ich weiß gar nicht, wo ich mit der Beschreibung anfangen und wo ich aufhören soll – gehörte der Roller. Hier schon halte ich inne. Wer weiß noch, was ein Roller ist? Das Wort zaubert gleich ein Stück Erleben vor mich hin, unwiederbringliche Kindheit, die sich an solchen Bildern festmacht. Der Roller, dieses einfache Gefährt aus Holz und zwei kleinen Rädern, das man mit einem Fuß anschob, und wenn es bergab ging, dann stand man mit beiden Beinen auf dem Roller und sauste dahin ... Es gab auch den Tretroller auf Gummirädern, damit war man so gut wie motorisiert, und wer solch einen Tretroller besaß, wurde von allen beneidet, wir sagten damals: *jest karol.* Das bedeutet soviel wie: *he is the king.*

Gibt es heute noch das Reifenspiel? Reifen aus Holz wurden mit einem Stock angetrieben, und man lief hinterher. Man mußte das richtige Tempo haben, nicht zu schnell, damit der Reifen einem nicht davonsauste, aber auch nicht zu langsam, damit er nicht umkippte. Und das Kreiselspiel – ist das auch schon vergessen? Ein kleiner Holzkreisel mit eingekerbten Rillen wurde in die Erde gebohrt, damit er nicht umfiel, und dann mit einer Peitsche geschlagen. Da fing der Kreisel an zu kreiseln, und wenn er einmal kreiselte, mußte man ihn immer wieder peitschen und aufs neue zum Kreiseln bringen. Der Kreisel war bunt angemalt, so daß er in Bewegung ein schönes Farbspiel zeigte.

Pitwok, das Spiel mit dem Messer, gab es wohl nur in unserer Gegend. Man mußte die linke Hand flach auf einen Tisch legen und die Finger auseinanderspreizen, dann stieß man mit der spitzen Klinge eines Taschenmessers in die Lücken zwischen den Fingern, je schneller, desto besser, freilich auch: desto gefährlicher. Aber das war ja der Reiz an dem Spiel. Oder das Taschenmesser wurde mit der Spitze auf den Fingerballen gesetzt, dann mußte man es mit Schwung in die Luft schleudern, und zwar so geschickt, daß es beim Fall mit der Spitze in der Erde steckenblieb. Das mußte man nun mit jedem Finger machen.

Auch das *Tschinkern* war sehr beliebt. Man hielt eine Münze zwischen Daumen und Zeigefinger und schlug sie gegen eine Wand (im Wald gegen einen Baum), damit sie in die entgegengesetzte Richtung falle. Der Mitspieler mußte das ebenfalls tun und darauf achten, daß seine Münze auf die andere Münze zu liegen kam. Dann hatte er gewonnen und konnte die Münze behalten.

Kennt noch jemand das Spiel, das wir *Schwenkern* nannten? Da wurden in eine alte leere Konservendose oben zwei Löcher gebohrt und ein Draht durchgezogen, fast einen Meter lang, damit man die Büchse in die Luft schwingen, also ‚schwenkern' konnte. Der Boden der Büchse wurde mit einem Nagel durchlöchert und glühende Holzkohle hineingelegt, die beim Schwenkern immer heftiger glühte. Man konnte eine Kastanie hineintun oder eine Kartoffel, und nach einer Weile waren sie geröstet und schmeckten wunderbar. Aber das Schönste am Schwenkern war, wenn man in der Dunkelheit die Büchse möglichst hoch in die Luft warf, so daß die Asche wie ein glühender Leuchtregen heraussprühte. Und ein Abenteuer war es geradezu, wenn sich eine ganze Clique auf einem abgeernteten Feld versammelt hatte und ein Schwenker nach dem andern in den Nachthimmel stieg und herunterfiel wie ein feuersprühendes Rad. Ein Spiel des Herbstes.

Wie die Kartoffelfeuer, die zu dieser Zeit überall auf den abgeernteten Feldern angezündet wurden, wenn die Abende schon kühler wurden. Man wärmte sich am Feuer, legte Kartoffeln hinein, und während sie in der Glut brieten, sangen wir Lieder und blickten selbstvergessen in die Flammen. Dann wurden die Kartoffeln verteilt, wurden, weil sie so heiß waren, von einer Hand in die andere geworfen und schließlich aufgebrochen, weiß und duftend und heiß war das Innere und es schmeckte köstlich. Es war der Geschmack von Freiheit und Abenteuer, von Gemeinschaft und Ungehorsam, denn an solchen Abenden gingen wir erst sehr spät nach Haus.

Dann gab es ein Spiel, das eigentlich gar kein Spiel war, dazu war es zu gefährlich: das war die Sache mit dem *Karbid*. Es wurde von den Bergleuten gebraucht, vor allem für die Gruben-Lampen, man konnte es aus irgendwelchen Lagern oder Schuppen klauen, die nur schlecht bewacht waren. Wenn man Karbid mit Wasser versetzt, dann erzeugt es giftige Dämpfe, die eine verschlossene Flasche zur Explosion bringen. Wir schütteten also Karbid in eine Flasche, pinkelten hinein und verkorkten sie. Sie mußte schnell weggeschmissen werden, weit weg sogar, denn sie explodierte mit großem Knall und einem Splitterregen, was wir stets mit triumphalem Geschrei quittierten. Einem Jungen in Petersdorf, so wurde erzählt, hat es dabei eine Hand abgerissen. Aber genau das reizte uns nur noch mehr, das Karbidspiel zu wagen.

Zu den Spielen meiner Kindheit gehörte es, versteckt in einem Baum die Vorbeigehenden mit Buchenkernen zu bewerfen. Es gehörte auch dazu, auf der Brücke in den Dampf der Lokomotiven zu laufen und den Soldaten der nahegelegenen Kavallerie-Kaserne beim Striegeln der Pferde zu helfen. Es gehörte dazu, in leeren Krautfässern auf der Klodnitz zu paddeln und an Bächen selbstgeschnitzte Wassermühlen aufzustellen. Es gehörte dazu, mit einem Netz im Wald Schmetterlinge zu jagen, nicht nur den weißen Schmattloch und den gelben Zitronenfalter, sondern den seltenen Trauermantel, den lila Schwalbenschwanz und den prunkfarbenen Admiral. Es gehörte dazu, im Frühling Tausendschönchen, Anemonen und wilde Veilchen zu suchen und daraus Kränze zu flechten und im Herbst die Eicheln und Kastanien, die mit leisem Knall aus den Bäumen stürzten, zu sammeln und im Stadtwald an die Rehe zu verfüttern. Es gehörte dazu, im Winter auf den gefrorenen Teichen zu *kascheln* und Faßbretter, die im

Wasserdampf gebogen wurden, als Ski zu benutzen und damit die Böschungen hinunterzusausen.

All das gibt es nicht mehr. Roller ist ein unbekanntes Wort, Kreisel sind vergessen, Holzreifen werden nicht mehr hergestellt, Kartoffelfeuer zündet niemand mehr an, keiner wirft Schwenker in die Luft, Karbid liegt nicht mehr unbewacht herum, die Loks sind elektrisch, der Fluß strömt flach über die Steine, der Trauermantel ist ausgestorben und Rehe oder Hirsche gibt es schon lange nicht mehr im Gleiwitzer Wald. [...]

Eichendorffs Werke hatte ich doppelt und dreifach, in einem halben Dutzend Ausgaben. Damit könnte ich ja später Tauschgeschäfte machen, dachte ich. In Oberschlesien hatte beinahe jeder Haushalt eine Eichendorff-Fibel, er wurde als der größte Heimatdichter verehrt. Ich kannte viele Gedichte auswendig. Von manchen wußte ich gar nicht, daß sie von Eichendorff waren. Sie galten bei uns wie Heines ‚Loreley' – als Volkslieder. Ich war ziemlich stolz auf meine Bibliothek. Als ich später Gleiwitz verließ, durfte ich allerdings nichts davon mitnehmen.

An der Oderbrücke in Ratibor halte ich an und steige aus. Hier war die Front für eine Weile zum Stehen gekommen. Vom Schloß Lubowitz aus hätte man sehen können, wie die Häuser und Fabriken in Flammen aufgingen und wie schließlich im Süden die Stadt Ratibor brannte. Aber die Besitzer – es gehörte zuletzt dem Herzog von Ratibor, der allerdings in dem größeren Schloß Rauden residierte – waren schon vorher geflohen. Und im März brannte auch Schloß Lubowitz.

Ich frage mich in Ratibor nach *Lubowice* durch. Von der Hauptstraße nach Leobschütz führt bald eine schmale Straße hügelabwärts und später wieder zum Bergsporn hinauf. Am Straßenrand blüht der Löwenzahn. Die Birken grünen. Der Raps blüht golden auf großen Feldern. Auf dem Dach eines Bauernhauses brütet ein Storch. Das habe ich schon lange nicht mehr gesehen. Dann taucht auf einmal vor mir die Kirche von Lubowitz auf, ein paar rote Dächer schimmern von rechts aus dem Tal, das ist das ganze Dörfchen.

Ich fahre zweimal durch den Ort, jetzt, um die Mittagszeit, ist kein Mensch auf der Straße. Aber dann sehe ich eine alte Frau in ihrem Garten arbeiten. Sie spricht sogar deutsch (wenn man in Oberschlesien mit jemandem spricht, der über sechzig ist, kann man eigentlich damit rechnen) und erklärt mir genau, wo ich die Schloßruine finden kann. Aber nach einer halben Stunde bin ich wieder bei ihr, denn ich habe keine Spur einer Ruine entdeckt. So fährt sie jetzt mit mir.

In einem späten Fragment hat Eichendorff den Verfall des Schlosses schon vorausgeahnt:

„So kam ich an die Ruine, oder vielmehr an ein Schloß, das allerdings ruiniert genug war, aber offenbar weniger durch sein Alter, als durch einen gewaltsamen Brand. Der eine Teil lag malerisch verfallen und fraternisierte längst mit dem Frühling, der mit seinen blühenden Ranken überall an Pfeilern und Wänden lustig hinaufkletterte. Nur der nach dem Garten hin gelegene Flügel, alle Fenster künstlich umschnörkelt und durch steinerne Blumengirlanden miteinander verbunden, sah noch sehr vornehm aus, wie eine Residenz des Prinzen Rokoko."

Und an anderer Stelle: „Kindisch lag ich im Lubowitzer Garten am Lusthause im Schatten in der Mittagsschwüle und sehe die Wolken über mir und denke mir dort Gebirge und Inseln mit Schluchten ... Jetzt aber ist der Garten verwüstet, das Schloß abgebrannt, die Hirsche sind verlaufen in alle Welt, nur manchmal bei stiller Nacht weidet einer zwischen den wildwachsenden Trümmern."

Die Wirklichkeit ist anders. Wir stehen erst einmal vor einem Waldstück. Es ist der alte Park, der nach Kriegsende abgeholzt wurde und dann wild gewachsen ist, und wir müssen uns geradezu durchs Dickicht schlagen. Birken sind es vor allem und junge wilde Ahornbäume, in deren Blättern das Licht zittert. Die Ruine ist tief im Wald versteckt.

Und auf einmal bricht das alte Gemäuer aus dem Grün hervor, verwittertes Ziegelwerk, nicht sehr hoch, der Putz abgeschlagen, nur hier und da läßt ein schöner Rundbogen, das Fragment eines Gewölbes, der Rest eines Torbogens etwas von der alten Pracht ahnen. Weiter hinten ragt sogar eine zweistöckige Mauer auf, mit leeren Fensterhöhlen, in den Ritzen wuchern Sträucher, Brombeer-Ranken, wilder Jasmin. Eine grüne Eidechse sonnt sich auf der Mauer. Die ursprüngliche Schloßanlage ist anhand der Mauerfragmente nur noch zu ahnen. Nach dem Brand wurde geplündert, und die Bauern der Umgebung haben sich hier Ziegel geholt, um ihre Häuser zu reparieren. Die Schloßallee ist ganz zugewachsen.

Das ist nicht das melancholische Bild von Werden und Vergehen, nicht die zeitlose Aura des Verfalls, nicht die bildhafte Romantik einer Ruine, sondern die brutale Zerstörung durch den Menschen. Merkwürdig, hier spürt man noch den Krieg. Es ist Mai, und es ist kalt.

Ich klettere auf eine Mauer und schaue hinunter ins Odertal. Wie ein helles Band schlängelt sich der Fluß durch die graue und grüne Landschaft. Zu Eichendorffs Zeiten strömte er näher am Schloß vorbei. Die Felder ringsum sind bestellt. Der Winterweizen grünt. Und weiter südlich erheben sich die schwarzen Wälder. Die Beskiden sehe ich nicht, dazu ist es heute zu diesig. Aber eine riesige Kohlenhalde ragt auf der anderen Seite wie eine Pyramide zum Himmel. Der Bergbau von Rybnik ist also immer näher herangerückt.

Die alte Frau läßt mich allein. Sie geht wieder zurück zu ihrem Gärtchen, um Schößlinge der Oberrübe (so nennt man in Schlesien Kohlrabi) zu pflanzen. Ihre Mutter, sagt sie, hat noch fürs Dominium gearbeitet. Sie selbst war einmal im Schloß gewesen, als die Deutschen schon abgezogen waren und die Russen noch nicht da. Sie habe nicht viel gesehen. Die Herrschaften hatten die Hunde zurückgelassen, ein halbes Dutzend, und die hatten nun nichts mehr zu fressen und jagten bellend und winselnd und zähnefletschend durchs Treppenhaus.

Ich gehe zurück. Die Ruinen verschwinden hinter den Bäumen. Ein wildes Waldstück, das nichts von seinem Geheimnis verrät. Ein Traktor durchbricht mit seinem Tuckern die Stille.

In dem erinnerungsschweren Gedicht ‚An meinen Bruder' stehen die Verse:

„Gedenkst du noch des Gartens
Und Schlosses überm Wald,
Des träumenden Erwartens:
Ob's denn nicht Frühling bald?

Nun steht das Schloß versunken
Im Abendrote tief,
Als ob dort traumestrunken
Der alte Spielmann schlief.

Doch rauscht der Wald im Grunde
Fort durch die Einsamkeit
Und gibt noch immer Kunde
Von unsrer Jugendzeit."

Nein, kein Spielmann mehr hier, weit und breit. Er ist tot. Taugenichts ist Frührentner. Die Ruine ist nur eine häßliche Ruine. Sie erzählt nichts mehr von versunkenen schönen Tagen. Der Wald da hinten stirbt. Die Schlote von Rybnik und Ratibor verdunkeln den Himmel. Aus dem tschechischen Ostrava weht ein giftiger Wind herüber.

In einer Buchhandlung in Ratibor finde ich eine alte deutsche Ausgabe von Eichendorffs Gedichten. Der Stempel der Stadtbücherei Gleiwitz ist noch drin, mit dem Adler. Das Hakenkreuz in seinen Fängen ist ausradiert. Ich kaufe das Buch für fünfzig Zloty. Vielleicht hat es einmal zu meiner zusammengeklauten Bibliothek gehört.

Am nächsten Tag fahren wir weiter nach Auschwitz, es ist gerade eine Stunde bis dahin. Das alte Lager, das sogenannte Stammlager, mit soliden Steinhäusern, zweistöckig, ist jetzt ein Museum. Hunderte, nein Tausende von Menschen drängen sich hinein. Sie kommen mit PKWs und mit Bussen, auch aus dem Ausland. Ganze Schulklassen aus der Bundesrepublik besichtigen es. (Das KZ Groß-Rosen bei Liegnitz, das ich auf der Rückreise besucht habe, war hingegen leer, da bin ich der einzige Besucher gewesen. Groß-Rosen war kein Vernichtungslager, es gab dort keine Folterstuben, keine schwarze Wand, keine Gaskammern. Das ist für Touristen wohl zu wenig spektakulär.) Wir gehen im Lager Birkenau (Brzezinka) durch das Tor, die Gleise entlang, bis zur Rampe. So oft habe ich das auf Fotos und im Fernsehen gesehen. In der Realität ist es anders. Der Weg zu den Gaskammern ist ganz nah, vielleicht zweihundert Meter. Dahinter die Krematorien, die die Deutschen noch sprengten, bevor sie im Januar 1945 Auschwitz verließen. Die Holzbaracken sind von der Zeit zerstört. Die Steinkamine aber ragen aus den Wiesen und zeigen die Größe des Lagers. Birken wachsen hier keine mehr.

Ich gehe den Weg, der für Hunderttausende, für Millionen zum letzten Gang geworden ist. Es ist ganz still. Niemand sagt ein Wort. Im Stammlager sehe ich hinter Glas Berge von Schuhen, Berge von Brillen, Berge von Koffern, Berge von Haaren, Berge von leeren Zyklon-B-Büchsen. Ich wundere mich, daß die Erde sich nicht auftut und mich verschluckt.

Ich war im Land meiner Kindheit. Aber ich bin nicht in der Kindheit angekommen. Gewiß, ich war in Schlesien, wo ich herkomme und aufgewachsen bin. Aber ich habe die Kindheit nicht mehr erlebt.

Und doch war im Grunde alles so, wie es einmal gewesen war. Man kann sich das nicht vorstellen. Die Stadt meiner Kindheit, Gleiwitz, hat sich nicht verändert. Die meisten Städte in Schlesien haben sich im Kern nicht verändert. Das ist das Erschreckende daran. Wir klagen im Westen darüber, wie sehr unsere Städte nach dem Krieg ihr Gesicht verändert haben, mit Recht. Aber schlimmer ist es, wenn sich überhaupt nichts verändert. Dann gibt es eine Erstarrung, eine Versteinerung, eine Lähmung, die auch die Menschen ergreift. Die Zeit tritt auf der Stelle, die Geschichte, das Leben.

Die Menschen hier spüren es. Seit dem Kriegsrecht, seit Dezember 1981, ist es noch schlimmer geworden. Sie sehen keine Veränderung, keine Entwicklung, keine Perspektive. Ich spürte in ihren Worten mehr Skepsis als sonst, in ihren Gedanken mehr Zögern, in ihren Bewegungen mehr Langsamkeit. Schlimmer als die furchtbarste Veränderung ist: keine Veränderung.

Ich nehme Abschied. Er fällt mir schwer, und er fällt mir nicht schwer. Ein Abschied vom Kinderland. Von der Heimat? Ich habe absichtlich bisher das Wort Heimat vermieden, dieses im Deutschen so bedeutungsschwere und -belastete Wort. So viel wurde über Heimat gesprochen, so viel darüber geredet. Und ich weiß immer noch nicht schlüssig zu sagen, was Heimat ist. Ist sie das, was Ernst Bloch als schöne Utopie gemeint hat?

Ich war wie ein Schatzsucher, und alle meine Romane über die Kindheit waren nichts anderes als die Suche nach dem Schatz Heimat. Als ich die Schatzhöhle schließlich fand, war sie leer.

Gibt es ein Ergebnis meiner Reise? Oberschlesien ist für mich nicht mehr Heimat. Gewiß, die alte, unveränderbare Landschaft ist noch da, die Steine, die Wälder, die Flüsse. Aber die vertrauten Menschen fehlen, die für mich zur Heimat gehören. Tradition, Aura, Sprache, das alles ist verloren. Ich spüre den Verlust nicht als Verlust, jetzt nicht mehr, nach so langer Zeit.

So spreche ich lieber von Kindheit, von meiner Flucht aus der Kindheit. Vielleicht ist Erwachsenwerden nichts anderes. Die Flucht aus Schlesien nichts anderes? Vertriebene sind wir alle in dem Augenblick, da wir erwachsen werden. Vertrieben aus dem Reich der Kindheit. Vielleicht ist es bei mir, in meiner Generation, einfach deshalb zu einer so großen Metapher geworden: weil hier die Vertreibung aus der Heimat identisch wurde/war mit der Vertreibung aus der Kindheit.

Nein, wir können nicht mehr zurückkehren in das Haus der Kindheit. Aber wir können uns diese Kindheit imaginieren. Wir können sie beschreiben und auf diese Weise festhalten. Die verlorenen Paradiese sind die wirklichen Paradiese, schrieb Marcel Proust. Die verlorene Kindheit ist die wirkliche Kindheit. Und sie gibt es, wird es geben, solange wir uns daran erinnern.

Mitgebracht habe ich ein Stück schwarzer Kohle aus der Gleiwitzer Erde. Mitgebracht habe ich einen Rosenkranz vom Annaberg. Mitgebracht habe ich einen kleinen versilberten Löwen, nachgemacht dem ‚Schlafenden Löwen' von Kalide im Stadtpark von Gleiwitz. Ich nehme die Dinge manchmal in die Hand, das Stück Kohle, den Rosenkranz, den Löwen.

Und erinnere mich.

Franz Neubauer

Verlorene Heimat – alte Heimat – neue Heimat?

Wenn im Zusammenhang mit Vertriebenen von Heimat die Rede ist, so tauchen meist ganz verschiedenartige Wortverbindungen auf, die versuchen, diesen Begriff zu erläutern: Da ist von der „früheren Heimat" die Rede, oder von der „alten" – im Gegensatz dazu natürlich auch von der „neuen" Heimat –, es wird von der „verlorenen" oder von der „Heimat im Herzen" gesprochen und was es an derartigen Bezeichnungen mehr gibt.

Für Vertriebene hat, so will es scheinen, die schlichte Feststellung: „Dies ist meine Heimat" keine Gültigkeit; der Heimatbegriff scheint grundsätzlich einer erläuternden Ergänzung zu bedürfen. Die Frage darf und muß gestellt werden, ob dies denn tatsächlich eine von der Sache her gebotene Notwendigkeit darstellt, oder ob möglicherweise andere, sachfremde Erwägungen, z.B. politischer Natur, vielleicht auch nur Unsicherheit im Selbstverständnis der aus ihrer Heimat Vertriebenen dazu geführt haben.

Ich möchte mich zunächst einmal einem Begriff zuwenden, den ich im besonderen Maße für fragwürdig halte: dem von der angeblich „verlorenen" Heimat. Immer wieder taucht diese Redewendung auf. Dabei mögen Gedankenlosigkeit und Unsicherheit im Vordergrund stehen. Aber bei der Verwendung des Begriffes der „verlorenen Heimat" ist der Verdacht nicht auszuschließen, daß damit von bestimmter Seite unterschwellig politische Zielsetzungen verfolgt werden. Die auch nur gedankenlose Verwendung dieser Floskel kann unbewußt diese Zielsetzung fördern.

Verbindet sich denn nicht mit „verloren" etwas Endgültiges? Oder auch etwas, was durch eine höhere Macht initiiert wurde, woran letztlich niemand schuldig ist – außer allenfalls jener, der dieses „Verlorene" verloren hat? Und verharmlost die Beschreibung „verloren" in diesem Zusammenhang nicht einen Vorgang, der mit Verlieren nun wirklich nichts zu tun hat, sondern der mit ganz anderen Bezeichnungen zu versehen ist – hat er doch nicht zuletzt Hunderttausenden von Menschen das Leben gekostet?

Vertriebene haben ihre Heimat nicht „verloren"! Weder in der Betrachtung des historisch-politischen Vorganges, noch in der Bewertung des gegenwärtigen Zustandes, noch im Blick auf die Zukunft, am allerwenigsten in ihren Herzen.

Selbst die subjektive Wertung des gegenwärtigen Zustandes als endgültig berechtigt keineswegs dazu, zu objektivieren und die persönliche Meinung als generell verbindlich zu erklären. Die Heimat der Vertriebenen als verloren zu betrachten hieße ja auch, den Vorgang, der zum „Verlust" führte, nämlich die gewaltsame Vertreibung, als zu tolerierende Form des Umgangs mit Menschen hinzunehmen. Wer dazu nicht gewillt ist – und welcher rechtlich denkende und empfindende Mensch wäre es – und wer in den Idealen des Humanismus, der christlichen Nächstenliebe und der Gerechtigkeit die Grundlage der Beziehungen von Menschen und Völkern untereinander sieht, dem muß daran gelegen sein, eine Korrektur dieser Vorgänge herbeizuführen. Und das heißt letztlich, die Heimat der Vertriebenen nicht als „verloren" zu betrachten, sondern die Frage ihres Heimatrechtes offenzuhalten und schließlich gerecht zu lösen.

Ohne eine solche Lösung des Heimatrechtes der Vertriebenen – und Heimatrecht heißt hier nicht einfach Recht auf irgendeine Heimat, sondern bedeutet das Recht auf die Heimat, aus der vertrieben wurde – ist nach meiner Auffassung ein geeintes, friedliches und rechtliches Europa nicht zu verwirklichen. Das Selbstbestimmungsrecht, das nach der neueren Völkerrechtslehre als „jus cogens", also als zwingende völkerrechtliche Rechtsnorm anerkannt wird, schließt das Recht auf die Heimat ein. Auf der Anerkennung von Gewalt läßt sich nichts Dauerhaftes bauen. Erst muß die Gewalt geächtet und müssen ihre Folgen beseitigt sein, bevor in gemeinsamer Anstrengung Neues mit Aussicht auf Erfolg errichtet werden kann.

Somit bedeutet die Aufrechterhaltung des politischen und rechtlichen Anspruches der Vertriebenen auf ihre Heimat und die Forderung nach Lösung dieses Problems weder einen Rückfall in den kalten Krieg noch gar etwas Reaktionäres oder Imperialistisches, sondern einen Beitrag zur Sicherung eines soliden Fundamentes für das künftige Zusammenleben der europäischen Völker; dies um so mehr, als diese Forderung seit der Verkündung der „Charta der deutschen Heimatvertriebenen" im Jahre 1950 bis auf den heutigen Tag verbunden ist mit dem ehrlich und aufrichtig gemeinten Angebot an die Vertreiberstaaten und -völker zu einem Dialog, zur Aufarbeitung des Geschehenen, zum Ausgleich (was ja immer beide Seiten einschließt) und zu einem neuen Anfang in den Beziehungen zueinander.

Wer also den Vertriebenen bewußt einzureden versucht, daß ihre Heimat als „verloren" zu gelten habe, macht sich nicht nur zum Komplizen der Vertreibung – denn auch stillschweigende Hinnahme bedeutet letztlich Komplizenschaft –, sondern stellt sich auch aktiv gegen ihre Bemühungen zur Überwindung des Gewaltprinzips.

Ich möchte diesen Gedankengang abschließen mit der Feststellung, daß selbst unter der Bevölkerung der Vertreiberstaaten jene Stimmen nicht nur nicht verstummen, sondern sogar zunehmen, die das Kapitel der Vertreibung der Deutschen keineswegs als abgeschlossen betrachten, sondern als aufarbeitungs- und klärungsbedürftig. „Uns selbst haben wir dadurch aus Europa vertrieben", stellte der tschechische Schriftsteller Alexandr Kliment 1974 im Hinblick auf die Vertreibung der Deutschen aus dem Sudetenland fest – und charakterisierte damit treffend die Notwendigkeit, es nicht dabei bewenden zu lassen, sondern durch Aufarbeitung und Ausgleich zu einem neuen Anfang zu finden. Und in der 1985 in deutscher Übersetzung erschienenen „Verlorenen Geschichte" des anonym gebliebenen tschechischen Autorenkollektivs „František Jedermann" wird die Anerkennung des Heimatanspruches der Vertriebenen und der Blick in die Zukunft noch deutlicher, wenn sie schreiben: „Es ist doch unser Land! Und von den Rednerpulten der sudetendeutschen

Landsmannschaftstreffen auf der anderen Seite ertönt dasselbe: Ja, das ist doch unser Land! ... Es ist unser Land, für das wir verantwortlich sind. Daß sich auch die von der anderen Seite zu ihm bekennen? Sie stammen doch von hier! In diesem Kontrapunkt ahne ich eine Aufgabe. Unsere und ihre."

Natürlich läßt sich die Frage nach dem Heimatbegriff der Vertriebenen nicht auf „verloren oder nicht verloren" reduzieren. Sie ist in der Tat vielschichtiger, und politische, historische und rechtliche Betrachtungen sind nur ein Teil des gesamten Komplexes, wenngleich auch ein wesentlicher.

Einem anderen bedeutenden Bereich nähert man sich bei Betrachtung des Wortpaares „alte Heimat – neue Heimat", das im Zusammenhang mit Vertriebenen immer wieder auftaucht. Zwar mag auch darin oft manches an politisch motivierter Semantik stecken, doch weist diese Begriffsverbindung schon mehr auf die innere Beziehung des Einzelnen zu dem hin, was er als Heimat empfinden mag. Allerdings: Kann man es sich tatsächlich so einfach machen, die Sache mit dem Hinweis abzutun, nach der „alten" Heimat hätten die Vertriebenen nun eben eine „neue" gefunden? Sind erfolgreiche wirtschaftliche und soziale Integration der Vertriebenen in Westdeutschland und in Österreich ein ausreichendes Indiz dafür, daß diese Vertriebenen nun hier tatsächlich ihre „neue Heimat" gefunden haben? Als ein Fernsehteam des Süddeutschen Rundfunks beim Sudetendeutschen Tag 1989 in Stuttgart Aufnahmen machte und Teilnehmer in den Messehallen nach ihrem Verständnis von „alter" und „neuer" Heimat fragte, da brachte es eine Sudetendeutsche aus dem Egerland auf den Punkt, als sie sagte – was dann auch gesendet wurde –: „Ja, hier wohne ich heute, aber meine Heimat bleibt doch das Egerland."

Heimat ist eben mehr als nur dort, wo man wohnt, dort, wo es einem gutgeht, dort, wo man lebt. Heimat ist nicht nur die Landschaft, in die hinein man geboren wurde; Heimat sind auch die ersten Freunde, die Verwandten und Bekannten, Heimat ist auch das Bewußtsein um die Geschichte und Kultur dieses Landes, Heimat ist ein Beziehungsgeflecht, das über Gefühle hinausgeht und das doch mit Worten schwer zu erklären und zu beschreiben ist. Nicht nur bei den Vertriebenen ist dieses Phänomen zu bemerken, daß eben die angeblich „neue Heimat“ die „alte“ letztlich doch nicht zu ersetzen vermag, sondern daß diese die eigentliche Heimat bleibt; wie oft z.B. kommt es auch bei Auswanderern oder auch Binnenwanderern vor, daß sie im Alter wieder zurückkehren dorthin, wo sie aufgewachsen sind, oder zumindest dort begraben sein wollen.

Die Vertriebenen sind sicher alle längst integriert und in der Regel materiell wie sozial versorgt. Zumindest diejenigen jedoch, die als Erwachsene oder Heranwachsende vertrieben wurden, spüren zumeist in sich den inneren Bezug zu ihrer Heimatlandschaft so sehr, daß sie auf die Frage nach ihrem Herkommen diese zuerst nennen. Man mag über die Frage streiten, ob es nur eine Heimat oder mehrere geben kann. Erfahrbare Tatsache bleibt jedoch, wenn man jeweils genau nachfragt, daß im Betroffenen schließlich bei ehrlichem Nachdenken und In-sich-hinein-Fühlen eine Landschaft, ein Bereich als die „eigentliche“ Heimat betrachtet werden wird.

Aber gerade in bezug auf Begriffe wie „alte“ und „neue“ Heimat unterscheidet sich die innere Situation der Vertriebenen grundsätzlich von jener der Auswanderer, auf die dieses Begriffspaar ja ebenfalls angewendet wird. Auswanderer haben ihre Heimat in der Regel freiwillig und mit dem Ziel verlassen, woanders und für Dauer neu anzufangen. Schon beim Weggehen war ihr Inneres, waren ihre Gedanken und Empfindungen auf das Neue gerichtet, das sie für sich selbst und ihre Nachkommen gestalten wollten. Das, was sie verließen, war ein abgeschlossenes Kapitel, und sie gingen tatsächlich, um eine neue Heimat zu finden.

Vertriebene aber wollten keine „neue“ Heimat suchen, sie wollten in der „alten“ bleiben. Und ihre Gedanken und Empfindungen blieben beim erzwungenen Weggehen mit ihr verhaftet. Dagegen spricht keineswegs, daß sie in der neuen Umgebung nicht resignierten oder revoltierten, sondern zupackten, mit aufbauten, sich als zunächst Mittellose wieder Eigenes schufen. Dadurch wird natürlich auch eine Bindung und Zugehörigkeit ganz besonderer Art zu dieser neuen Umgebung geschaffen, man fühlt sich als anerkannter Bestandteil, fühlt sich wohl und gestaltet mit – und bleibt dennoch der eigenen Heimat, aus der man vertrieben wurde, verbunden.

Nun mag man einwenden, daß dies ja wohl nur für jene gelten könne, die bei der Vertreibung bereits ein festes Bild dieser Heimat, geformt aus Erlebnis und Erfahrung, in sich trugen, das heißt also für die heute ältere Generation.

Erstaunlicherweise ist dies nicht so, und für Motivforscher, Soziologen oder Psychologen mag sich hier in der Betrachtung weiter Teile der mittleren Generation ein ganz neues, interessantes Feld auftun. Denn zahlreich sind die Fälle jener, die als Kinder vertrieben wurden und heute dennoch zu dieser Landschaft, aus der sie vertrieben wurden, eine so starke innere Bindung empfinden, daß sie diese als ihre Heimat bezeichnen – auch wenn sie den weit überwiegenden Teil ihres bisherigen Lebens gar nicht darin verbracht haben. Als Beispiel dafür sei wiederum auf jene Fernsehaufzeichnung vom Sudetendeutschen Tag 1989 zurückgegriffen, bei der auch ein Sudetendeutscher, der bei der Vertreibung erst fünf Jahre alt war, nach seinem Verständnis von Heimat gefragt wurde. Ohne Umschweife bezeichnete er den Böhmerwald, aus dem er vertrieben wurde, als seine Heimat, und auf die erstaunte Rückfrage des Interviewers, wie dies denn sein könne, erklärte er es: Entstanden sei dieses feste Gefühl, das ihn heute zweifelsfrei seine Heimat definieren ließe, zum einen aus Kindheitserlebnissen und -erfahrungen, zum anderen aus den Erlebnissen und Erfahrungen der Wiederbegegnung mit dieser Landschaft als junger Erwachsener. Aus der Kindheit seien maßgebend die zwar verschwommenen, aber doch vorhandenen Erinnerungen an die ersten Jahre, dann die scharf eingeprägten Erinnerungen an tschechische Partisanen und an die erzwungene Flucht und schließlich das Aufwachsen als „Flüchtlingskind“, das trotz aller Hinwendung und Zuwendung im bayerischen Dorf zunächst doch fremd war.

Das Erlebnis der Wiederbegegnung mit der Heimatlandschaft sei verbunden gewesen mit einem ganz eigenartigen Gefühl der Vertrautheit, des Sich-heimisch-Fühlens, wozu wohl Begegnungen mit dem Geburtshaus, dem kleinen Hof der Großeltern und mit den Gräbern auf dem Friedhof, von denen einige vertraute Namen trugen, beigetragen hätten. Maßgeblich sei jedoch auch die Betroffenheit gewesen über den Zustand der Verwahrlosung und des Verfalls, in dem er nicht nur seinen Geburtsort, sondern die gesamte Landschaft vorgefunden habe. Er fahre seither immer wieder, wenn es gehe, „hinüber", denn dies sei nun einmal seine Heimat.

Während also der Heimatbegriff der älteren Generationen der Vertriebenen im wesentlichen aus der Erinnerung geformt ist und getragen wird, ist es bei den mittleren Generationen mehr das Wissen um die eigenen Wurzeln, die in das jeweilige Gebiet reichen, und das Erlebnis der Gegenwart, das oft genug zu einem zukunftsorientierten Gestaltungswillen für diese darniederliegenden Landschaften führt.

Hier deutet sich bereits bei den mittleren Generationen der Vertriebenen etwas an, was dann bei der jüngeren – die ja im eigentlichen Wortsinn nicht mehr „vertrieben" ist – als Hauptmotiv zum Tragen kommt, wenn sie nach ihrem Verhältnis zu jener Landschaft oder Gegend gefragt wird, aus der Eltern oder Großeltern vertrieben wurden: Eine durch Wissen um die Ereignisse und Zusammenhänge der Vergangenheit sowie durch Erlebnisse und Erfahrungen der Gegenwart entstandene Bereitschaft vieler, „drüben" neu anzufangen, wenn die politischen und wirtschaftlichen Verhältnisse dies nicht nur erlauben, sondern sinnvoll erscheinen lassen.

Somit erfährt der Heimatbegriff bei den Nachkommen der Vertriebenen eine äußerst interessante, neue Dimension: In der Regel wird als Heimat jene Gegend empfunden, in der man aufgewachsen ist oder heute lebt, während gleichzeitig ein über das gewöhnliche Maß hinausgehendes Interesse an der Heimat der Eltern oder Großeltern vorhanden ist, das oft genug in die konkrete Bereitschaft mündet, dort zu leben. „Ich kann mir gut vorstellen, in der Heimat meines Vaters für dauernd zu leben", formulierte es eine 1965 geborene Tochter eines Sudetendeutschen in einem Aufsatzwettbewerb – wobei die Einordnung als „Heimat des Vaters" ebenso kennzeichnend ist wie die Empfindung, daß diese ohne besondere Schwierigkeiten zur eigenen werden könnte.

Wenn man zurückgreift auf die Wortpaare „alte Heimat – neue Heimat", so eröffnen sich bei dieser Betrachtung ganz neue Konstellationen in der jeweiligen Zuordnung.

Zusammenfassend kann festgestellt werden, daß der Begriff Heimat für die Vertriebenen ganz überwiegend verknüpft ist mit der gefühlsmäßigen Bindung an jenes Land, aus dem man vertrieben wurde. Dies schließt die Identifikation mit dem heutigen Lebensumfeld keineswegs aus, diese Identifikation vollzieht sich jedoch auf einer anderen Bewußtseins- und Gefühlsebene als die Bindung an die Heimat.

Würde dies allein schon die Berechtigung der Forderung nach Verwirklichung des „Rechtes auf die Heimat" untermauern – wohlgemerkt, nicht eines Rechtes auf irgendeine Heimat schlechthin, sondern des Rechtes auf „die" Heimat, also die eigene, ursprüngliche –, so kommt darüber hinaus das Gewicht der rechtlichen und moralischen Aspekte hinzu, und es kommt die Tatsache hinzu, daß auch die mittlere und jüngere Generation das Land der Väter als ihre Heimat begreift, wenn auch in gewandelter Form und unter neuen Aspekten.

Dies sollte akzeptiert und nicht als romantisch verklärte Heimattümelei abqualifiziert werden. Vielmehr sollte darin der Ansatzpunkt gesehen werden, zur tatsächlichen Überwindung der schlimmen Entwicklungen und Ereignisse der Vergangenheit kommen zu können sowie zu einer Neuordnung und zu einem Neuanfang in den Beziehungen zwischen Menschen und Völkern. Ich erinnere an das Wort von „František Jedermann" in der „Verlorenen Geschichte", das hinsichtlich der Vertriebenen und ihres Heimatlandes gesagt wurde: „Daß sich auch die von der anderen Seite zu ihm bekennen? Sie stammen doch von hier! In diesem Kontrapunkt ahne ich eine Aufgabe. Unsere und ihre!"

Monika Hanes

Eine deutsche Aussiedlerin Heimatsuche in Deutschland

Das Flugzeug landete auf dem Flughafen Frankfurt am Main. Mit meinem zwei Monate alten Sohn auf dem Arm und der dreijährigen Tochter an der Hand kam ich mit meinem Ehemann 1978 in die Bundesrepublik Deutschland, die unsere neue Heimat werden sollte. Endlich hatten wir es geschafft, endlich waren wir da! Mit drei Koffern, in die wir unsere ganzen Habseligkeiten hineingestaucht hatten, und der Seele voller Hoffnung taten wir die ersten Schritte in eine ungewisse Zukunft. Zweieinhalb Stunden trennten uns von der alten Heimatstadt, in der wir viele liebe Gesichter und fast dreißig Lebensjahre zurückgelassen hatten. Wir hatten alles für immer verlassen, um hier ein neues Leben zu beginnen.

Wir kamen als Aussiedler im Zuge der Familienzusammenführung, da meine Mutter nach ihrem zweiten Besuch bei den hiesigen Verwandten sich entschlossen hatte, im Vaterland ihrer Mutter, in dem sie ihre Jugend verbracht hatte, zu bleiben.

Der Weg bis zu diesem großen, bedeutenden Tag war ein sehr langer, schwieriger und harter gewesen. Es dauerte fast fünf Jahre, bis man uns die Ausreise genehmigte. Es waren Jahre des Wartens, Hoffens, Verzweifelns, Jahre voller Entbehrungen. Aber wir nahmen alles in Kauf, es gab kein Zurück; nichts konnte uns entmutigen, nichts uns von der gefaßten Entscheidung abbringen.

Die Registrierung im Durchgangslager Nürnberg verlief schnell und reibungslos, noch am selben Tag kehrten wir nach Frankfurt zurück.

Es schien, als ob hier in der neuen Heimat alles gut und schön sein würde. Ich fühlte mich sehr wohl, verstand alles, was gesprochen wurde, hatte keine Sprachschwierigkeiten wie so viele andere Aussiedler, da

Deutsch meine Muttersprache war. Mit einem Wort, ich fühlte mich nicht fremd.

Alles schien seinen normalen Weg zu nehmen. Wir konnten uns nicht satt sehen an all dem, was sich unseren Augen bot. Aber es waren auch sehr schwere Zeiten, die vielen Wege zu allen Behörden, das lange Warten in den Sälen, das Ausfüllen unzähliger Formulare. Vieles war uns unverständlich, aber es mußte wohl so sein, das war der Weg.

Die erste, die an diesem neuen Leben zu leiden hatte, wenn auch unbewußt, war unsere kleine Tochter. Sie klagte plötzlich über Bauchschmerzen, hatte keinen Appetit und mußte sich immer wieder übergeben. Der Arzt erklärte uns, daß die Umstellung, die völlig neue Umgebung, alle neuen Eindrücke auf sie einwirkten und das psychische Syndrom verursacht hätten.

Aber auch für uns kamen schwere Zeiten. Es war alles gar nicht so einfach, wie wir uns das am Anfang vorgestellt hatten. Eine passende Wohnung für uns vier war sehr schwer zu finden. Die Vermieter oder Vermittler fragten, ob wir auch Kinder hätten, und oft erhielten wir sofort die Ablehnung, da Kinder unerwünscht waren. So vergingen neun Monate, in denen wir zu viert im Schlafzimmer der kleinen Zweizimmerwohnung im fünften Stock bei meiner Mutter und Stiefvater wohnten. Es war sehr eng und nicht immer harmonisch.

Das Allerschlimmste aber war, daß mein Mann keine Arbeit finden konnte. Ich hatte noch weniger Chancen, da ich die beiden kleinen Kinder betreuen mußte. Im nahegelegenen Kindergarten war kein Platz. Außerdem hatten wir Berufe, die hier nicht gefragt waren: wir sind beide Akademiker. Eine Umschulung rentierte sich für das Arbeitsamt nicht – unsere Ausbildung sei, nach den Worten des Beraters, auf „zu hohem Niveau", wir seien „überqualifiziert".

Langsam schwand unsere Überzeugung, festen Boden in der neuen Heimat unter die Füße zu bekommen. Sie hatte uns zwar empfangen, uns alle Rechte der hier Geborenen gewährleistet, aber sonst nichts mehr. Wir fingen an, an das Leben in der alten Heimat zurückzudenken – wie relativ sorglos es doch drüben gewesen war! Sicher erinnert sich der Mensch in schweren Stunden nur der schönen Seiten des Lebens. Auch wir dachten jetzt nur an die Sonnenseite, verdrängten alle Schwierigkeiten und Unannehmlichkeiten, die uns zugestoßen waren. Angefangen mit unserer Kindheit, als wir miterlebten, wie das kommunistische Regime das Haus unserer Eltern und Großeltern enteignete, nur weil sie Deutsche waren, und wie wir das Heim in nur drei Tagen verlassen mußten, um es Parteileuten zur Verfügung zu stellen. Oder wie der Großvater meines Mannes im Alter von über siebzig Jahren verhaftet wurde, auch nur, weil er Deutscher war. Er starb nach drei Jahren im Gefängnis an gebrochenem Herzen. Ebenso dachten wir nicht an die vielen Hindernisse, die wir bis zu unserer Ausreise zu überstehen hatten, die vielen Vorladungen, in denen man versuchte, uns von unserem Vorhaben abzubringen. Auch nicht daran, wie wir behandelt wurden, nur weil wir das Land verlassen wollten. – Es war nur eine sentimentale Sehnsucht nach allem, was wir in Rumänien besaßen. Ich fing an, meine Mutter zu verstehen, die in ihren Briefen schrieb, daß sie sich auch nach dem kleinsten Stein sehne. Dies gab ihr wohl die Kraft, während eines Winters zwei- oder dreimal nach Köln zu fahren, um zusammen mit anderen Rücksiedlern vor der rumänischen Botschaft für die Familienzusammenführung zu demonstrieren.

Am meisten fehlten uns die Freunde, die wir zurückgelassen hatten. Wären sie neben uns gewesen, hätten wir alles viel leichter empfunden. Wehmut machte uns das Herz schwer. Wir sehnten uns nach alldem, was nun der Vergangenheit angehörte; nicht nur nach den Freunden, sondern auch nach dem Wohnviertel, in dem wir gelebt hatten, nach dem Haus, der Straße mit den Lindenbäumen, nach dem nahegelegenen Park, in dem wir als Kinder, später als verliebtes Pärchen und zuletzt mit der Tochter spazierengegangen waren, nach der Chaussee mit den duftenden Rosenhecken und dem See, an den der Park grenzte. Es war sehr schmerzhaft, es zerriß uns fast das Herz. Wir waren entwurzelte Menschen, befanden uns zwischen zwei Welten, ohne einer anzugehören. Die Briefe aus Rumänien freuten uns riesig, wir rissen sie uns aus den Händen und weinten beim Lesen! Die Fäden, die uns mit unsagbarer

Kraft an die alte Heimat banden, waren doch noch sehr stark. Genau wie in einem alten Märchen zog uns der Herzfaden zurück.

Um unser Verlangen zu stillen, flogen wir im Sommer für drei Wochen nach Bukarest. Es war die Sehnsucht nach der Stadt, in der wir unsere Kindheit verbracht hatten, zur Schule gingen und studierten. Das Gefühl, sich auszukennen, nicht fremd zu sein, alles noch am alten Platz zu finden, ist wohl auch das Heimatgefühl. Wir waren doch noch sehr stark mit dem alten Zuhause verbunden. Es schien, als wären wir gar nicht fortgewesen. Auch die Freunde waren uns sehr nahe. Die Zeitspanne zwischen dem Tag unserer Auswanderung und der Wiederkehr als Besucher war sofort vergessen, verwischt, überbrückt. Und doch waren wir dort nicht mehr zu Hause, wir gehörten nicht mehr dorthin.

Wir fuhren noch dreimal nach Bukarest. Jedesmal fühlten wir uns jedoch fremder, auch die Freunde waren nicht mehr so warmherzig, wir fanden schwerer Kontakt zu ihnen. Bei jeder Rückreise fühlten wir uns glücklich, wieder nach Hause fahren zu können. Nach Hause, nach Frankfurt, nach Deutschland. Es war ein gutes Gefühl! Auch wenn wir noch immer Arbeitslose und unsere Träume noch nicht in Erfüllung gegangen waren!

Diese Situation dauerte fast vier Jahre. Ich erhielt zwar in dieser Zeit vom Arbeitsamt eine Stelle auf Grund einer Arbeitsbeschaffungsmaßnahme, die mir auch die Möglichkeit versprach, in Zukunft den alten Beruf wieder auszuüben, erkrankte aber leider schwer und mußte noch vor Beendigung des Vertrags aufhören.

Mein Mann fand aber einfach keine Arbeitsstelle. Für ihn war es sehr schwer, er hatte die Verantwortung für unsere Familie zu tragen und konnte nicht für die Zukunft sorgen. Es war eine starke nervliche Belastung. Er sah keinen Ausweg mehr. Zwei vom Arbeitsamt veranstaltete Lehrgänge halfen ihm auch nicht weiter. Es waren keine Umschulungen, die Teilnahme sollte lediglich die Arbeitslosenzeit unterbrechen und erträglicher machen.

Die gleichen Probleme hatte auch eine benachbarte

Familie, ebenfalls aus Rumänien stammend. Aus Verzweiflung beschlossen die Männer, Arbeit in einem afrikanischen Land zu suchen. Der Gedanke war nicht schlecht, aber mit zu vielen Risiken verbunden. Erstens hätten für die Kinder gesundheitliche Gefahren bestanden, und zweitens wäre eine neuerliche Umsiedlung für uns alle problematisch gewesen. Auch die Idee, in die Vereinigten Staaten oder nach Kanada auszuwandern, beschäftigte uns einige Zeit. Zuletzt kamen die beiden Familienväter auf den Gedanken, daß es am besten wäre, nach Rumänien zurückzukehren. Da wir legal ausgereist waren, würde es problemlos und ungefährlich sein, die Genehmigung zur Rückkehr zu bekommen und dann auch tatsächlich zurückzukehren. Es mußten nur Formulare von der Rumänischen Botschaft beantragt werden. – Ich bat allerdings meinen Mann, noch ein Jahr Geduld zu haben. Wir konnten doch nicht ewig vom Pech verfolgt werden! Ich hatte angefangen, mich in Deutschland einzuleben. Wir hatten inzwischen eine passende Wohnung vom Wohnungsamt zugeteilt bekommen. Sie befand sich zwar in einem Block von Sozialwohnungen, in einem sogenannten „Ghetto" am Stadtrand, aber in unseren vier Wänden fühlten wir uns wohl, auch wenn außen alles häßlich war: fünf oder sechs Wohnhäuser mit jeweils acht Stockwerken, kahlen Betonwänden, keine Bäume, zertrampelter Rasen, die Spielplätze voller Abfälle, ein ständig schmutziger Lift, der oft außer Betrieb war. Jede Woche kam die Feuerwehr, um Brände zu löschen, im Keller wurde ständig eingebrochen und alles demoliert. Es war manchmal sehr deprimierend, doch nun hatten wir ein Heim, es war unser Zuhause. Irgendetwas band mich daran, gab mir Halt.

Freunde konnten wir aber keine finden, es war nicht so leicht, mit den Einheimischen „warm zu werden". Mein Mann hatte zwar beim Sport Kontakt gefunden, aber man sah sich nur bei den Sportveranstaltungen und danach bei einem Glas Bier. Es gab keine Affinitäten. Oder war irgend eine unsichtbare Trennwand da? Lag es etwa an unserer Herkunft? Ich weiß es nicht.

Freunde fanden wir jedoch unter anderen Aussiedlern, die ebenfalls aus Rumänien gekommen waren.

Wahrscheinlich, weil wir ähnliche Erfahrungen gemacht hatten und das gleiche Schicksal bewältigen mußten. Das verband uns. Wir konnten uns gegenseitig Trost schenken und Stärke geben. Und wenn meinen Mann und mich manchmal die Sehnsucht nach der alten Heimat plagte, tröstete man uns, daß dies langsam vergehen würde. Man müsse eben Geduld haben, es würde im allgemeinen sieben Jahre dauern, bis alle Wunden verheilt seien.

Eine willkommene Ablenkung von den bedrückenden Problemen bot uns die Natur: Wir machten lange Spaziergänge, am Rande der Siedlung befanden sich viele Schreber- und Obstgärten, dazwischen gab es Korn- und Rapsfelder mit wunderschönen Feldblumen. Oder wir gingen einen kleinen Bach entlang, auf dem unzählige Enten und Wasservögel schwammen. Das Spielen mit den Kindern, die Entdeckung der Schönheiten der Natur mit ihnen brachten uns viel Freude und erleichterten die schweren Zeiten. Aber danach kamen wieder trübe Gedanken und Zweifel auf. Hatten wir richtig gehandelt, hierher zu kommen? Konnten wir den Kindern eine sichere Zukunft in der deutschen Heimat bieten?

Ich hatte früher in Rumänien nie über den Begriff „Heimat“ nachgedacht. In der Schule lernten wir zwar Lieder und Gedichte, Oden über Heldentaten, welche aus Heimat- und Vaterlandsliebe geschahen, aber auch „aus Liebe für die kommunistische Partei“. Sie wurde sehr gepriesen, die Helden waren Arbeiter, Soldaten, Parteimitglieder. Die Erziehung zur Heimatliebe ist in Rumänien bis heute sehr tendenziös gefärbt, sie beginnt schon im Kindergarten, wo sie den Kleinen unter Drill eingetrichtert wird. Wie glücklich war ich doch, daß meine Tochter im Kindergarten kleine, niedliche Kinderliedchen lernte, viele kannte ich aus meiner Kindheit! Wie gut, daß sie frei und unbeschwert aufwachsen konnte, ohne unbegreifliche Parteiverse lernen zu müssen!

Die lang erhofften besseren Zeiten für uns Aussiedler kamen dann doch. Mein Mann fand durch seinen sozusagen „zweiten Beruf“, nämlich den Sport, eine Arbeitsstelle, und so zogen wir von Hessen nach Bayern.

Die kleine Stadt gefiel mir von Anfang an. Ich begleitete meinen Mann zum Vorstellungsgespräch, wollte unbedingt mit meinen eigenen Augen die neue Stadt sehen. Die Menschen waren alle sehr nett, freundlich und hilfsbereit. Auch das Wetter war viel schöner und wärmer als in Frankfurt, wo Nässe und Kälte oft zu unseren seelischen Tiefpunkten beigetragen hatte. Also verließen wir die Großstadt leichten Herzens und ohne Abschiedsschmerz. Man spürt ihn nicht, wenn man voller Hoffnung fortzieht. Später jedoch ist er spürbar: ein Ortswechsel bedeutet eben doch eine neue Umgebung, neue Menschen, neue Probleme, neue Sorgen.

Am Anfang schien alles in Ordnung. Die Wohnung, die mein Mann kurz vor unserem Umzug gefunden hatte, war neu, schön, groß, sonnig. Die Schule und der Kindergarten waren um die Ecke. Meinem Mann gefiel seine Arbeit sehr, er war glücklich, arbeiten zu können, auch wenn er nicht als Akademiker eingestuft war. Weniger erfreulich war, daß ihm nur ein befristeter Vertrag gegeben werden konnte, da es sich lediglich, wie zuvor bei mir, um eine Arbeitsbeschaffungsmaßnahme handelte.

So vergingen weitere zwei Jahre, Jahre, in welchen wir wieder hofften, aber gleichzeitig zitterten. Es waren schwere Jahre, die die Gesundheit meines Mannes außerordentlich beanspruchten. Durch die ständige nervliche Belastung, die Ungewißheit und die Spannung wurde er magenkrank. Wenn der Mensch psychisch leidet, wird auch der Körper krank. Es hat ziemlich lange gedauert, bis eine Besserung eintrat. Während dieser ganzen Zeit ist er jedoch immer zur Arbeit gegangen, wollte nie fehlen, um nicht als unzuverlässig zu gelten. Er wollte sich selbst beweisen, daß er seinen Körper und seine Psyche mit strenger Disziplin zu beherrschen imstande ist.

Als mein Sohn in die Schule kam, wollte ich nicht mehr nur Hausfrau und Mutter sein. Es füllte mich nicht aus, befriedigte mich nicht. Wie viele andere Frauen wollte auch ich mein eigenes Geld haben. Eigentlich mußte ich ja auch Geld verdienen, das Leben war teurer geworden, die Kinder wuchsen, und mit ihnen ihre Ansprüche und Bedürfnisse. Außerdem erhielt ich keine Arbeitslosenhilfe, zu deren Bezug ich nicht berechtigt war – ich hatte zum einen in Rumänien nicht bis zuletzt vor der Ausreise gearbeitet (Arbeitsverbot), zum anderen lag das Gehalt meines Ehemanns etwas über der Einkommensgrenze. Nun begann meine Odyssee durch die Arbeitsämter.

Ich ahnte nicht, wie schwierig die Arbeitssuche sein würde. Das Arbeitsamt konnte mir nicht leicht eine Stelle vermitteln, und wenn es eine entsprechende Möglichkeit gab, war der Arbeitsplatz auswärts und ich hätte pendeln müssen. Eine solche Stelle konnte ich ja nicht annehmen.

Ich ging unzählige Male zum Arbeitsamt, wobei ich auch die hierarchische Treppe nicht gescheut habe. Man versuchte mich mit Ausreden zu trösten. Ich erhielt auch Antworten wie: „Seien Sie froh, daß ihr Mann arbeitet." Sicher war ich froh, aber ich wollte selber arbeiten, in der Gesellschaft nützlich sein. Auch auf dem privaten Arbeitsmarkt versuchte ich eine Stelle zu finden. Jede Woche bewarb ich mich auf Inserate, und aus eigener Initiative schrieb ich überall dorthin, wo ich glaubte, eine Chance zu haben. Es kamen immer nur höfliche, freundliche Absagen. Fast alle endeten mit: „Wir wünschen Ihnen für die Zukunft viel Erfolg." Es war entmutigend.

Nach zwei Jahren ununterbrochenen Suchens erhielt auch ich eine Stelle im Rahmen der Arbeitsbeschaffungsmaßnahmen. Sie war auf nur sechs Monate befristet. Außerdem war es eine für mich völlig neue Tätigkeit, nichts von alldem was ich gelernt hatte, konnte mir helfen. Ich hatte große Schwierigkeiten, mich einzuarbeiten. Das Arbeitsklima war unangenehm; ich hatte den Eindruck, daß man immer auf meine Fehler achtete, spürte die lauernden Blicke. Irgendwie war ich froh, als die Zeit vorüber war.

Danach fing ich wieder an, Arbeit zu suchen. Ich fragte in Geschäften, Drogerien und Boutiquen – vergebens. Sicher spielte auch mein Alter eine Rolle. Man stellt lieber Jüngere ein, denen weniger gezahlt werden muß. Und natürlich hatte ich auch keine entsprechende Ausbildung. Vielleicht hätte ich eine Chance gehabt, wenn wir „Beziehungen" gehabt hätten. Leider hatten wir keine ...

Ich versuchte vom Arbeitsamt eine Umschulung für Akademiker zu erhalten. Die hätte ich haben können, aber ich hätte alle Lernmittel sowie die Fahrtkosten selbst bezahlen müssen, weil ich keine Arbeitslosenhilfe erhielt. Dazu waren wir finanziell nicht in der Lage, außerdem befand sich die Schule nicht in der Stadt, in der wir wohnten. Ich wäre also fast den ganzen Tag von zu Hause weg gewesen. Meine Familie hätte darunter zu leiden gehabt. Also suchte ich weiter nach einer Arbeitsstelle. Ich bewarb mich auch um ausgeschriebene Stellen bei der Stadt, schrieb fast drei Jahre Bewerbungen und bekam immer die bekannten stereotypen Absagen. Es war zum Verzweifeln. Schließlich faßte ich den Entschluß, es persönlich zu versuchen. Wahrscheinlich war ich zu aufdringlich und nervte die zuständigen Sachbearbeiter so sehr, daß man mir oft rüde begegnete. Ich mußte mir Beschimpfungen wie: „Ihr von drüben glaubt, daß hier das Paradies auf Erden ist“ oder: „Was krallen Sie sich so an unsere Stadt!“ gefallen lassen. Diese Worte werde ich nie vergessen! Sie haben mir sehr weh getan. Zum ersten Mal seit ich in Deutschland war spürte ich so etwas wie Ausländerhaß, von dem die Zeitungen berichteten (leider hat sich die Situation wegen der immer weiter steigenden Aussiedler- und Asylantenzahlen mittlerweile gefährlich verschärft). Also weil ich eine Deutsche aus einem anderen Land war, hatte ich keinen Anspruch auf Arbeit?! Ich verlangte ja keine Almosen. Die Antworten machten mir wieder bewußt, daß ich noch nicht Fuß in der neuen Heimat gefaßt hatte und dies wohl auch nicht erhoffen konnte. Das Recht, hier eine Heimat zu finden, wurde mir verweigert. Warum waren die Menschen denn so abweisend, so roh mit jemandem, der nichts anderes als Arbeit suchte? Ich nahm ja niemandem den Arbeitsplatz weg!

Was neue Freunde betrifft, fanden wir auch hier in Bayern keine. Die Menschen sind zwar sehr nett und freundlich, aber Freundschaft ist etwas, das man nicht so leicht findet oder verschenkt. Manche Mütter, die ich im Kindergarten meines Sohnes kennenlernte, machten zaghafte Annäherungsversuche, es war aber nur die Neugierde, da ich von woanders kam und keine Einheimische war. Meine Lebensgeschichte wollten sie erfahren. Es kam zu einigen Einladungen zu Kaffee und Kuchen, aber bald wurde es wieder still. Ich treffe sie noch auf der Straße oder beim Einkaufen, aber außer einigen netten Worten gibt es nichts. Die Menschen sind in der jetzigen Zeit viel zu sehr mit sich selbst beschäftigt, es kümmert sie wenig, was um sie herum geschieht. Auch die Zeit ist sehr wertvoll, man braucht sie meistens für sich allein.

Am Anfang, nach unserem Umzug in die bayerische Stadt, fanden wir einige hilfsbereite Menschen. Sie nahmen uns eine Nacht auf, bis der Möbelwagen am nächsten Tag kam, und waren sehr zuvorkommend. Doch bald danach kühlte sich alles wieder ab. Ich weiß nicht, woran es lag. Ich denke nicht, daß wir zudringlich gewesen waren. Oder meinten sie, daß wir am Ende von ihrer Freundlichkeit profitieren wollten? Das war sicher nicht der Fall, denn wir wollen keine Geschenke. Oder hatten wir unseren Dank nicht genügend gezeigt? Oft sind Menschen sehr schwer zu verstehen. Jedenfalls sind unsere Versuche, Freunde zu finden, bis heute gescheitert. Es kann auch daran liegen, daß man nur in der Jugend Freundschaften schließt und später nur noch Bekanntschaften.

Wir haben uns daran gewöhnt, ohne Freunde zu leben. Manchmal telefonieren wir mit den alten Freunden aus Frankfurt, aber gesehen haben wir uns seit vielen Jahren nicht mehr. Der Alltag trennt die Menschen, jeder hat seine Familie, seine Sorgen, jeder geht seinen Weg.

In der Zwischenzeit habe ich doch eine Arbeitsstelle gefunden, genau wie mein Mann durch eine neue Arbeitsbeschaffungsmaßnahme. Es gelang mir dann sogar, eine feste Stelle zu erhalten. Das Gefühl, nützlich zu sein, gebraucht zu werden, ist von sehr großer Bedeutung. So kann man sich am besten integrieren und Fuß fassen. Auch wenn ich nicht eine meinem Studium entsprechende Stelle habe, arbeite ich doch im gleichen Fachbereich, habe sehr nette Arbeitskolleginnen und -kollegen, und das ist sehr viel. Irgendwie bin ich froh, daß ich so lange suchen und warten mußte, denn es hat sich gelohnt. Auch um diese Arbeitsstelle habe ich bangen und ringen müssen. Es waren nervenaufreibende Monate, bis ich fest angestellt wurde – eine Planstelle wird nicht so schnell geschaffen. Solche schlimmen Zeiten des Wechsels zwischen Hoffnung und Verzweiflung wünsche ich niemandem! Die monatelange Spannung, in der ich gelebt habe, verursachte gesundheitliche Probleme, die ich aber überwinden konnte. Der Kampf ums „Überleben" ist sehr hart, man zahlt oft mit der Gesundheit. Ich hoffe, daß er unseren Kindern erspart bleiben wird, daß sie es im Leben leichter haben werden, daß sie nie durchmachen müssen, was wir durchgemacht haben!

Ich glaube, daß es auch anderen Aussiedlern ähnlich ergangen ist. Selten hat jemand das Glück, sofort in der neuen Heimat einen Arbeitsplatz zu finden. Denn ohne Arbeit kann ein Mensch nicht leben. Ohne Arbeit ist man ein Niemand, man fühlt sich nutzlos, bodenlos.

Ich fühle mich sehr gut hier, in der zweiten Heimat. Meine Familie ist zufrieden. Mein Mann hat sich in einer neuen Tätigkeit am Arbeitsplatz spezialisiert, er wird geschätzt und geachtet. Das gibt ein Gefühl der Sicherheit, ohne welches man nicht leben kann. Die Kinder sind jetzt Gymnasiasten, bringen uns viel Freude. Wir haben endlich Wurzeln geschlagen, fühlen uns nun zu Hause, gehören hierher, haben eine neue Heimat in Deutschland gefunden. Wir sind hier verwachsen, Rumänien sind wir schon lange entwachsen. Die engsten Verwandten haben wir in unserer Nähe; es scheint, als wären wir alle schon immer hier gewesen.

Wenn ich an Rumänien zurückdenke, tue ich es jetzt ohne Schmerz und Sehnsucht. Es bindet mich nichts mehr daran, kein unsichtbarer Herzfaden zieht mich zurück. Dasselbe empfindet auch mein Mann. Von den Kindern kann ich nichts sagen, sie kamen als ganz kleine Kinder hierher, wuchsen hier auf, haben von Anfang an ihre Wurzeln in den deutschen Boden geschlagen. Wenn ich manchmal Sehnsucht spüre, ist es die Sehnsucht nach der Jugend, nach dem wärmeren Klima, weniger nach den zurückgebliebenen Freunden. Manche sind, je nach Möglichkeit, ausgewandert. Jetzt leben sie in verschiedenen Ländern, nicht nur in Deutschland. Alle haben das gleiche durchmachen müssen, alle mußten die Anpassungsschwierigkeiten bewältigen. Wir sind in brieflichem Kontakt, telefonieren ab und zu miteinander, und wenn wir uns treffen, ist die Zeit sofort überbrückt, man erzählt sich allerlei, wie in alten Zeiten. Über die alte Heimat reden wir selten, da die Berichte von dort erschütternd sind und uns eigentlich nichts mehr mit dort verbindet. Ich möchte noch einmal nach Bukarest fahren, an das Grab meiner Großeltern auf dem evangelischen Friedhof. Ihnen verdanke ich, daß ich deutscher Abstammung bin und nach Deutschland kommen konnte. Meine Großmutter hat sich bis zuletzt nach ihrer Heimat Freiberg in Sachsen verzehrt. Ich aber empfinde keine Sehnsucht nach Rumänien, sondern fühle mich jetzt wie hier geboren, habe hier meine Familie, meinen Beruf und mein geistiges Zuhause. So hat sich das lateinische Sprichwort: „Ubi bene, ibi patria" (Wo es mir gut geht, da ist mein Vaterland) für uns doch noch bewahrheitet.

Wladimir Woinowitsch

Heimat im Exil?

Bei jedem Menschen wird die Beziehung zur Heimat nicht nur durch den Ort bestimmt, wo er geboren wurde, sondern sie hängt auch von seinen persönlichen Eigenschaften ab, vom Alter, vom Beruf, von den Erfahrungen, die er in der Vergangenheit gemacht hat, von den Erfahrungen seiner Eltern und von vielen anderen Faktoren. Den Begriff „Heimat" legen die Menschen so unterschiedlich aus, daß es einfach unsinnig wäre, über Heimat im allgemeinen zu sprechen. Ich werde deshalb davon sprechen, was das Wort Heimat für mich persönlich bedeutet.

Zunächst weiß ich einfach nicht, was ich eigentlich als meine Heimat bezeichnen soll. Wenn ich den konkreten Ort, wo ich im Jahre 1932 geboren wurde, so nennen soll, dann ist das die Stadt Duschanbe (zu jener Zeit Stalinabad), die Hauptstadt des sowjetischen Tadshikistans. Freilich habe ich in dieser Stadt insgesamt nur dreieinhalb Jahre verbracht und nur den Balkon im Gedächtnis behalten, auf dem man mich photographiert hat (und mir versprach, daß ein Vögelchen aus dem Apparat fliegen werde), die aus Lappen gemachte Puppe Sina (mein einziges Spielzeug) und irgendeinen großen Baum, der irgendwo stand. Es ist schwierig, einen Ort, der im Gedächtnis durch so wenige unbestimmte Merkmale haften geblieben ist, wie auch immer zu benennen; deshalb verlasse ich beim Wort Heimat Duschanbe in Gedanken und versetze mich in eine andere tadshikische Stadt namens Chodshent (zu jener Zeit wurde sie umbenannt und heißt bis heute Leninabad). Chodshent war eine kleine Stadt, aber sehr alt, mit den Ruinen einer altertümlichen Festung und mit Akazien, die nach der Legende noch von Alexander dem Makedonier gesetzt worden sind.

Mir scheint, daß nicht nur ein geographisch bestimmter Ort, sondern auch die Zeit in dem Begriff Heimat enthalten ist. In diesem Sinn ist das asiatische Mittelalter mit einzelnen Zeugen aus späteren Zeiten meine Heimat.

Hätte man einen wahrhaftigen Zeitgenossen des Mittelalters an den Ort gebracht, wo ich aufgewachsen bin, hätte er dort kaum etwas für ihn Neues entdeckt. Von Zeit zu Zeit kamen Kamelkarawanen die staubige ungepflasterte Straße entlang. Kleine Händler mit ihren lokkenden Rufen transportierten tönernes Geschirr und Leckereien auf Eseln über die Höfe – das Gepäck eines jeden Esels stellte einen tragbaren wandernden Supermarkt dar. An den Fenstern unseres Hauses flogen schnell elegante Phaetons mit weichen Federn und ledernem, aufklappbarem Verdeck vorbei, und langsam, immer wieder anhaltend und mit vielen Abstechern auf die Höfe, wurden hohe Leiterwagen mit Käfigen durch die Stadt geschoben, in denen herrenlose Hunde heulten, die man für die Abdeckerei eingefangen hatte.

Ich erinnere mich an tadshikische Frauen in Parandshas – dichten schwarzen Netzen aus Roßhaar –, an eine Teestube und ihre Stammgäste – dicke Männer (an magere kann ich mich nicht erinnern) in wattierten und abgesteppten, aufgeknöpften Kitteln –, ich erinnere mich an Krüppel, an Bettler, an Narren und sogar an einen verrückten Aussätzigen: Er lief in einem Hemd, ohne Hosen und mit einem Glöckchen um den Hals über die Höfe. Die Leute trugen ihm in einer Zeitung etwas Eßbares hin, warfen es auf die Erde und entfernten sich wieder.

Alles war altertümlich. Sogar die Rote Armee. Am Kai des Syr-Darja galoppierten die Kavalleristen der Roten Armee in Vorbereitung auf die zukünftigen Kämpfe der Weltrevolution flott auf kleinwüchsigen Pferdchen, nahmen Hürden und hauten mit scharfen Säbeln Weidengesträuch ab, wobei sie sich vorstellten, die Köpfe von Angehörigen der internationalen Bourgeoisie abzuhauen.

Um die Zeichen der neuen Zeit zu erkennen, mußte man sich einen Fuhrmann mit einem schon erwähnten Phaeton nehmen und sich einige Kilometer vor die Stadt begeben. Dort war eine Eisenbahnstation und daneben ein kleiner Flugplatz, wo langsame und schwerfällige U-2-Doppeldecker starteten und landeten. Freilich tauchten diese Flugzeugchen manchmal auch über der Stadt auf, aber das geschah so selten, daß alle Kinder, nachdem sie auf die Straße geströmt waren, Beschwörungsformeln ausriefen und sich etwas wünschten.

Wenn man aber dennoch als Heimat einen bestimmten Ort ansieht, zu dem man sich hingezogen fühlt und dessen Fehlen sich im Leben durch Schmerz äußert, dann könnte ich auch Chodshent kaum als einen solchen Ort bezeichnen.

Meine Eltern stammten aus Orten, die sich viel weiter westlich befinden als Chodshent, und waren durch Zufall dorthin geraten: mein Vater, ein Journalist, war dazu bestimmt worden, bei der Lokalzeitung zu arbeiten. Wir lebten auf tadshikischem Boden, aber in einem Bezirk, der ausschließlich von Russen bewohnt war. Soweit ich mich erinnere, lebten alle unsere Nachbarn dort wie Fremde, das Gefühl des Fremdseins wurde von den Eltern an die Kinder weitergegeben, so daß es faktisch eine Heimat gab, aber ein Heimatgefühl gab es nicht.

Im Alter von acht Jahren zog ich von Tadshikistan in die Ukraine, und damit aus dem Mittelalter ins 20. Jahrhundert. Die Stadt Saporoshje, wohin man mich brachte, war ein modernes Industriezentrum. Dort befand sich das Dneprkraftwerk, eines der größten auf der Welt, und riesige Fabriken zur Herstellung von Stahl, Aluminium, Flugzeugmotoren und landwirtschaftlichen Kombinen. Dort sah ich zum ersten Mal in meinem Leben elektrisches Licht, eine Straßenbahn, ein Wasserklosett und einen Radioapparat. Ich kam im Mai des Jahres 1941 in dieser Stadt an; im August, als die deutschen Truppen näherrückten, verließ ich sie und kehrte nach dem Krieg zurück. Hier verbrachte ich meine Jugend, von vierzehn bis neunzehn.

Dann zwangen mich die Umstände, in andere Orte überzusiedeln, aber jahrelang war für mich Saporoshje meine Heimat, zu der es mich hinzog, aber nur hin und wieder ergab es sich. Wenn es dann einmal gelang, ging ich zuerst auf die Hauptstraße, wo ich immer noch ziemlich vielen alten Freunden und Bekannten begegnete, und besuchte die unvergeßlichen Plätze: hier das Haus, wo ich gewohnt, da die Biegung des Dneprs, wo ich gebadet, da die Eiche, unter der ich mich mit einem Mädchen getroffen hatte, da der kleine Flugplatz des Fliegerklubs, wo ich mit einem Segelflugzeug geflogen war. Ich brauchte diese Stadt sehr und es zog mich unvermindert zu ihr hin, aber bald fehlte es an der Zeit, bald tauchten noch irgendwelche Hindernisse auf, ich fuhr immer seltener hin, und mit jedem Mal fühlte ich deutlicher, daß mir die Stadt fremd wurde, es gab in ihr immer weniger vertraute Personen, Plätze und Dinge. Bekannte und Freunde begegneten einem immer seltener auf der Straße. Die einen waren weggezogen, die anderen waren gestorben, die dritten hatten Familien gegründet, waren erwachsen, waren dicker geworden und zeigten sich nicht mehr ohne Grund auf den Straßen. Das Haus, in dem ich gewohnt hatte, war abgerissen worden, die Eiche hatte man gefällt, sogar die Biegung des Dneprs war als Folge der oberhalb und unterhalb erbauten Anlagen einerseits begradigt worden, andererseits noch mehr gekrümmt, kurz und gut, ich erkannte auch sie nicht mehr. Eines Tages begriff ich, daß mir diese Stadt überhaupt nichts mehr bedeutete.

Meine vierte Heimat wurde Moskau. Nirgendwo anders lebte ich so lange wie hier – vierundzwanzig Jahre. Hier schrieb ich meine wichtigsten Bücher, hier wurde ich ein mehr oder weniger anerkannter Schriftsteller, hier heiratete ich und schaffte mir Kinder an.

Der Dichter Michail Lermontow schrieb einmal:

„Moskau, wieviel hat sich in diesem Klang
für das russische Herz vereinigt,
wieviel hat in ihm widergehallt ...“

Moskau war für die Russen schon immer nicht nur die Hauptstadt, sondern auch das geistige Zentrum, eben das, was das alte Berlin der Vorkriegszeit für die Deutschen war.

Ich habe mich sofort in Moskau verliebt. Es war auch früher für mich keine ganz fremde Stadt gewesen, weil ich viel über sie gelesen und gehört hatte, die Namen von Plätzen, Straßen, Bezirken und Kathedralen klangen seit der Kindheit in meinen Ohren.

In meinen ersten Jahren in der Hauptstadt war ich viel zu Fuß unterwegs, durchstreifte Moskau kreuz und quer und kannte die Stadt bald besser als die meisten echten Moskauer. Damals war Moskau um vieles kleiner als heute. Damals war fast die ganze Stadt, vom Zentrum abgesehen, aus Holz und hatte überhaupt ihr altes Gesicht bewahrt, das sich vielleicht seit dem Krieg gegen Napoleon nicht geändert hatte.

Aber gerade von jenem Jahr 1956 an, als ich nach Moskau kam, setzten auch schnell, ununterbrochen und radikal Veränderungen ein. Ein klein wenig habe ich mit meiner Arbeit zu dieser Veränderung beigetragen. Im ersten Jahr meines Lebens in Moskau arbeitete ich als Zimmermann, beteiligte mich am Abreißen der Holzhäuser und am Erbauen neuer Gebäude, damals noch aus Ziegelsteinen und nicht aus Bauplatten.

Jenes noch unveränderte Moskau wurde für mich schließlich und endlich meine Lieblingsstadt, die einzige Stadt, in der ich mich zu Hause fühlte.

So vergingen ungefähr zehn Jahre. Dann brachen andere Zeiten an.

Ich möchte nicht stark vom gegebenen Thema abschweifen, aber ich muß einfach auf die Umstände zu sprechen kommen, die mich meiner Heimat schon beraubten, als ich noch in ihr lebte.

Ich verließ die UdSSR im Dezember 1980, aber bereits zwölf Jahre zuvor setzte die gewaltsame Trennung von ihr ein. Sie begann in Form von Unannehmlichkeiten als Entlohnung für meine Bücher und für meinen Einsatz für die Menschenrechte: Verbot aller neuen Bücher, Entfernung der früher geschriebenen aus den Bibliotheken, Ausschluß aus dem Schriftstellerverband, Entzug aller Existenzmittel und der Möglichkeit, sie zu verdienen, bei gleichzeitiger Beschuldigung des Schmarotzertums.

Es begann ein seltsames widernatürliches Leben, in dem sich der Mensch wie eine Versuchsschabe in einem Einmachglas fühlt. Die Schabe beobachtet man ständig, von Zeit zu Zeit stellt man mit ihr irgendwelche ihr unverständliche unheilvolle Experimente an, und es gibt keine Ritze, in der es, wenn auch nur zeitweilig, möglich wäre, sich zu verstecken. Mit der Metapher von der Schabe will ich klarmachen, daß sich zu jener Zeit mein ganzes Leben unter der ständigen und unermüdlichen Beobachtung des KGB befand – die Agenten dieser Behörde gingen zu fünft hinter mir her, umstellten mein Haus, drangen ein, beobachteten mich heimlich, hörten mich ab und taten gleichzeitig viel, um mein Leben und das meiner Angehörigen unerträglich zu machen. Es wurde auch unerträglich, weil es keinen Spaß machte. Ich ging immer seltener hinaus auf die Straße, weil dort viele unvorhergesehene Zusammenstöße und unangenehme Überraschungen auf mich warteten. Ich betrachtete schon nicht mehr die Details der städtischen Landschaft, beobachtete aber mit gespannter Aufmerksamkeit meine Umgebung und die Leute, die hinter mir hergingen oder mir entgegenkamen. Bei ihnen mußte man immer auf alle möglichen Provokationen gefaßt sein. Sie konnten zum Beispiel in jedem beliebigen Moment, betrunkene Rowdies vorgebend, über mich herfallen oder mich unter einen Autobus stoßen oder irgend etwas anderes derartiges machen. Wenn ich in mein Auto stieg, war ich nie sicher, ob nicht die Reifen durchstochen oder die Bremsschläuche durchgeschnitten waren. Es versteht sich von selbst, daß ich immer darauf vorbereitet sein mußte, unter einer beliebigen Anschuldigung, die den Phantasten des KGB in den Sinn kam, jederzeit verhaftet, vor Gericht gestellt und vielleicht für den Rest meines Lebens ins Lager geschickt zu werden.

Wenn ich früher in Urlaub fuhr oder auf Dienstreise ging, sehnte ich mich schon nach einigen Tagen nach Moskau. Jetzt war ich bereit, die Zeit ganz gleich wo zu verbringen, nur nicht in Moskau. Jede neue Rückkehr war für mich noch unangenehmer als die letzte. Damals wurde mir Moskau fremd, wobei es sich auch äußerlich veränderte. Die lieben alten Holzhäuser wurden abgerissen, ganze Straßen wurden zerstört, an ihrer Stelle entstanden ungemütliche Prospekte mit mehrstöckigen Einheitskästen. In erster Linie zierten diese Prospekte die zahllosen Porträts Breschnews, die ihn ungefähr vierzig Jahre jünger zeigten, als er in Wirklichkeit war. Die Straßen wurden umgestaltet und umbenannt: an Stelle der alten historischen, mir ans Herz gewachsenen Bezeichnungen tauchten Namen auf den Straßenschildern auf, die zu lesen einem schon zuwider waren: Georgi Dimitrow, Georgi Desha, Walter Ulbricht und Otto Grotewohl.

So verschwand meine vierte Heimat allmählich vor meinen Augen, sie verschwand, noch bevor ich in ein anderes Land übersiedelte.

Als ich Moskau im Dezember 1980 verließ, war die Stadt für mich fremd, kalt und feindselig. Das Land war mir auch fremd geworden. Nostalgische Bilder blieben mir nur von Verwandten und Freunden, aber nicht von Häusern, nicht von Straßen, nicht von Flüssen, nicht von Wäldern, nicht von einzelnen Bäumen.

Als ich abreiste, war ich achtundvierzig Jahre alt, und es war schon ebenso schwierig wie reichlich spät, in der Fremde eine Heimat zu finden. Und dennoch stellt sich hier allmählich etwas dem Heimatgefühl sehr Ähnliches ein und entwickelt sich. Eben ein Heimatgefühl. Ich muß viel reisen, und wenn ich mich in New York, London oder Paris aufhalte, langweilt es mich dort nach einer gewissen Zeit, und ich sage mir: es ist Zeit, nach Moskau zurückzukehren. Dann fällt mir plötzlich ein, daß ich mich versprochen habe, und ich berichtige mich: nach München.

Während meines Lebens in der Emigration war mir Rußland allmählich fremd geworden und ich hatte mich an den Gedanken gewöhnt, daß es für mich für immer verloren war. Aber siehe da, es fanden dort Veränderungen statt. Bedeutende Veränderungen. Für mich persönlich sehr wichtige. Meine Bücher druckt man wieder. Gleichzeitig erscheinen jene Bücher, von deren Veröffentlichung ich selbst in meiner Zeit als mehr oder weniger anerkannter sowjetischer Schriftsteller nicht einmal habe träumen können. Man druckt sie ohne die geringsten Eingriffe durch die Zensur. In diesem Sinne gingen meine wichtigsten Wunschträume in Erfüllung: das Geschriebene in der Heimat herauszugeben, in Russisch und ohne jegliche Eingriffe. Und es ist, als ob die Heimat zuerst gestorben wäre, aber jetzt gewissermaßen wieder auferstünde. Die Anzeichen der Wiederbelebung sind sehr verschieden und indirekt. Es fällt mir zum Beispiel eine Moskauer Zeitschrift in die

Hände. Früher hätte ich sie nicht einmal angerührt, aber jetzt blättere ich gierig in ihr und sehe nach: was schreibt man dort, worüber spricht man? Offenbar macht sich das internationale Telefon im Alltag bemerkbar. Anrufe aus Moskau errate ich immer, an einer gewissen Nervosität und Spannung des Klingelns, wie mir vorkommt. Ich nehme den Hörer ab ... Nein, früher kam das auch vor, aber selten. Dafür unhöflich: „Sprechen Sie mit Moskau!" sagte die Telefonistin in einem Ton, als ob sie einen Befehl gäbe, wobei sie durch ihren Tonfall die Feindseligkeit und Fremdheit unterstrich. Aber jetzt ... Die Telefonistin sagt zwar genau denselben Satz, weil in unserem Land sogar die alten Leute Worte wie „bitte" oder „Seien Sie so nett" zu vergessen begonnen haben, doch der Ton ist jetzt ein ganz anderer – sie spricht wie ein Dichter: „Sprechen Sie mit Moskau ..."

Die Heimat ersteht wieder auf, die Heimat kehrt zurück, der Berg geht zum Propheten.

Die Liebe zur Heimat ist sehr oft irrational, wie die Liebe zu einer Frau. Die Heimat kann sogar einen sehr schlechten Charakter haben, aber nichtsdestoweniger lieben wir sie und heischen nach Gegenliebe.

Manchmal ohne Aussicht auf Erfolg. Manchmal sehr lange.

In Puschkins Poem „Ruslan und Ljudmila" wird eine solche romantische Geschichte erzählt. Ein junger Hirte verliebt sich in die Schönheit Naina, aber er wird von ihr zurückgewiesen. Sie sagt: „Hirte, ich liebe dich nicht." Er beschließt, ihr Herz durch beispiellose Heldentaten zu erobern – und kommt nach einigen Jahren als gefeierter Held zu ihr. Aber weder Ruhm noch Reichtum locken sie. Sie gibt ihm einen Korb mit der Bemerkung: „Held, ich liebe dich nicht!"

Der Held jedoch erweist sich als beharrlich, er zieht sich in die Wälder zurück und widmet den Rest seines Lebens dem Studium der Zauberei, mit deren Hilfe er schließlich nach vielen Jahren sein Ziel erreicht. Nachdem er die in solchen Fällen unerläßlichen Zaubersprüche ausgesprochen hat, erscheint bei ihm schließlich auch die willfährige und sogar von Leidenschaft entflammte Naina. Freilich ist sie keine stolze Schönheit mehr, sondern ein „gebrechliches altes Mütterchen, grau, mit eingefallenen blitzenden Augen, mit einem Buckel und mit zitterndem Haupt ..."

Auch ich schuf wie dieser Zauberer viele Jahre Zaubersprüche, mit denen ich versuchte, die Heimat, die mich zurückgewiesen hatte, zurückzugewinnen. Und siehe da, sie scheint aus dem Nichts zu entstehen und öffnet ihre Arme, aber ich bin mir nicht sicher, ob sie sich für mich nicht als Naina erweist, die all ihren Zauber verloren hat.

Ins Deutsche übertragen von Karin Dornemann

Im März 1989 reiste Wladimir Woinowitsch nach neun Jahren Exil zum ersten Mal wieder in die Sowjetunion, nach Moskau. In einem Telephoninterview mit der Süddeutschen Zeitung sagte er dort: „Ich habe im Westen meine Existenzgrundlage und mein Heim, in Moskau Freunde und Leser. Die Heimat, das sind doch nicht nur die Realitäten, das ist vor allem die Verinnerlichung der Erlebnisse, der alten und der neuen. Würde man der Emigration nicht den tragischen Beigeschmack nehmen, wenn man zwischen München und Moskau, zwischen Ost und West, unbehindert pendeln könnte? Darauf will ich hinarbeiten."

Der Verlag

Eine junge Türkin in Deutschland

Leben zwischen zwei Welten

Ich bin Türkin. Inzwischen bin ich 20 Jahre alt; aber schon seit meinem vierten Lebensjahr wohne ich mit meinen Eltern in Deutschland. Mein Vater ist 50 und lebt seit 17 Jahren hier, doch kann er nicht perfekt Deutsch, ebensowenig wie meine Mutter. Meine Mutter ist Hausfrau. Deshalb kann ich verstehen, daß sie kein Deutsch kann. Sie kommt nämlich kaum mit Deutschen zusammen – außer beim Arzt. Sie sieht zwar kerngesund aus, ist aber so krank, daß sie schon bei fast allen Ärzten in unserer Stadt war; doch keiner weiß, was sie hat.

Ich glaube, daß ihre Krankheiten vom Alleinsein kommen. Ja, sie ist einsam, obwohl sie einen lieben Ehemann und eine erwachsene Tochter hat. Sie ist einsam, weil mein Vater in zwei Schichten als Glasbläser arbeitet und, wenn er Feierabend hat, entweder Zeitung liest oder sich die Fußballspiele aus dem Radio anhört, die in der Türkei gespielt werden. Meine Mutter ist nur einen Monat im Jahr nicht krank – und das ist in den Sommerferien, wenn wir in die Türkei fahren. Da fühlt sie sich wohl in der 75 qm großen eigenen Wohnung. Wir haben kaum Möbel darin, weil meine Mutter sie vor Jahren meinem ledigen Onkel geschenkt hat. Trotzdem fühlen wir uns wohl, weil wir wissen, wie hart mein Vater für die Raten der Wohnung hat arbeiten müssen.

Ich besuche hier eines der Gymnasien und bin total geschafft vom Schulstreß, wenn ich nach Hause komme. Da ich als Türkin nachmittags nie hinaus darf, bin ich nachmittags nur mit meinen Hausaufgaben beschäftigt. Abends schauen wir entweder fern oder gukken uns einen türkischen Videofilm an. Am Wochenende besuchen uns türkische Bekannte, oder wir gehen zu ihnen. Manchmal gehen wir auf türkische Hochzeiten oder Veranstaltungen. Seit Jahren leben meine Eltern und ich nach diesem Schema. Trotz allem ist es nie langweilig, denn ich habe mich daran gewöhnen müssen. So kommt meine Freundin Petra, die ich im 6. Schuljahr kennengelernt habe, viel öfter zu mir als ich zu ihr. Manchmal darf ich mit Petra und ihren Eltern am Wochenende etwas unternehmen, aber auch das ist in letzter Zeit seltener geworden. Sonst fahren wir, das heißt meine Eltern und ich, zu unserem 300 qm großen Mietgarten in der Nähe unserer Wohnung und verbringen die Samstage und Sonntage, wenn das Wetter schön ist, mit Gartenarbeit. Auch Petra kommt ab und zu dahin, dann hören wir Musik oder spielen Badminton.

Zugegeben, ich kenne nicht alle Menschenrechte. Aber ist es denn nicht ungerecht, wenn ein Mann, der in der Türkei jahrelang die Glasbläserkunst gelernt hat und dort jahrelang als Bläsermeister tätig war, hier nur noch als einfacher Arbeiter beschäftigt wird, obwohl die Firma, bei der er jetzt arbeitet, ihn nach Deutschland eingeladen und genau getestet hat und obgleich er genauso gut oder noch besser Lampen herstellen kann als sein Obermeister? Hat er denn nicht ein Recht darauf, genausoviel zu verdienen wie jener? Nein, er verdient gerade noch so viel, daß wir mit 1700 Mark im Monat hinkommen. Trotzdem können wir uns die oben genannten Vergnügungen und außerdem ein altes Auto, Telefon und jedes Jahr vom Urlaubsgeld eine Reise mit unserem Auto in die Türkei leisten.

Eigentlich ist mein Vater nur für ein paar Jahre nach Deutschland gezogen, um das große Geld zu machen. Mit solchen und ähnlichen Vorstellungen kamen übrigens die meisten Gastarbeiter nach Deutschland. Für meine Eltern war das Wichtigste, daß sie sich dadurch erst eine eigene Wohnung leisten konnten; außerdem wollten sie, daß ich eine gute Erziehung genieße.

Die sogenannte gute Erziehung habe ich meiner Ansicht nach auch genossen. Als ich mit vier Jahren von meiner Heimatstadt Istanbul hierher geholt wurde, konnte ich keinen Kindergarten in der Nähe finden, weil angeblich keine Plätze frei waren. So kam ich, ohne einen Brocken Deutsch zu sprechen, in die erste Klasse, in der jedoch der ganze Unterricht auf Türkisch lief. Anfangs hatte ich keine Schwierigkeiten. Ich war sehr fleißig, bekam nur gute Noten, war die Beste in der Klasse. Alles änderte sich, als mein Vater in Köln eine neue Beschäftigung fand, bei der er zwar nicht als Glasbläser arbeiten, aber gut verdienen sollte. Nach unserem Umzug kam ich in Köln in eine rein deutsche Klasse, weil die türkischen Lehrer der Meinung waren, daß ich in einer türkischen Klasse nicht mehr gut genug gefördert werden könne; ich solle doch nun anfangen, Deutsch zu lernen. So wurde ich mitten im Schuljahr in die 3. Klasse eingeschult.

Trotz großer sprachlicher Schwierigkeiten am Anfang schaffte ich es, ohne sitzenzubleiben auf die Hauptschule zu kommen. Ich wurde von Tag zu Tag besser in der Schule. Daher empfahl meine Lehrerin meinen Eltern, mich auf ein Gymnasium zu schicken. Doch dazu kam es nicht, weil mein Vater die von der Kölner Firma angebotene Lösung des Arbeitsverhältnisses bei einer Abfindung angenommen hatte und, ohne auch nur einen Tag arbeitslos gewesen zu sein, von seiner alten Firma wieder herzlich aufgenommen wurde. Meine Eltern schickten mich auf eine Hauptschule, weil direkt vor unserer Tür der Schulbus abfuhr und ich weder Weg noch Straße kannte.

Auf dieser Hauptschule lernte ich meine beste Freundin Petra kennen. Sie war die einzige, die mir half, ein besseres Deutsch zu sprechen als manch ein Deutscher. Auf dieser Schule brachte ich es schließlich so weit, daß ich die 10 B besuchen konnte. Meine Freundin war inzwischen nach der 9. Klasse abgegangen, weil sie auf die Handelsschule gehen wollte und später, wie ihre ältere Schwester, als Bürokauffrau arbeiten wollte. Sie hat es nun geschafft: Nach der Lehre ist sie von der Firma, in der ihre Schwester arbeitet, als Bürokauffrau angestellt worden.

Ich dagegen wollte, nachdem ich die 10 B erfolgreich abgeschlossen hatte, nicht mehr der verlorenen Kölner Chance nachtrauern, sondern endlich an ein Gymnasium wechseln. Zusammen mit einer Portugiesin war ich die einzige, die in jenem Jahr von unserer Schule aus den Sprung auf ein Gymnasium schaffte. Ich war sehr stolz auf mich, weil alle Menschen in meiner Nähe, meine Eltern, Nachbarn, meine Bekannten, Verwandten und Lehrer stolz auf mich waren. Doch ein Jahr später habe ich sie alle enttäuscht. Ich blieb in der Oberstufe sitzen. Ich stand auf einmal als Versager da. Ich verlor mit einem Male die Selbstsicherheit, obwohl meine Eltern mir Mut machten und mir einredeten, ich würde es beim zweiten Anlauf sicher schaffen. So kam es auch, daß ich die 11. Klasse wiederholte und in die 12. kam. Obwohl meine Noten in der 12. Klasse nicht so gut ausfielen, wurde ich in die 13. Klasse versetzt.

Irgendwie war ich nicht für den Schulalltag eines Gymnasiums geboren. Ich kam und komme mir immer noch wie in einer fremden Umgebung vor. Trotz guter Freunde bin ich, wenn ich es recht überlege, einsam und traurig. Alle meine Klassenkameraden kommen aus reichen Familien. Das soll nicht heißen, daß ich ihnen unterlegen bin; auch ich trage im Winter eine teure Lederjacke, welche mir mein Vater in der Türkei gekauft hat, weil sie dort billiger zu bekommen war. Was mich in der Gesellschaft meiner Schulfreunde stört, ist ihre Teilnahmslosigkeit an meinem Leben. Die meisten gehen entweder nachmittags reiten, spielen Tennis oder gehen in die Musikschule. Viele von ihnen sind in einem Sportverein. So fühle ich mich nicht richtig integriert in ihre Gesellschaft. Denn immerhin sind sie doch nur unter sich, wenn sie in den Pausen über ihre gemeinsamen Hobbies oder Unternehmungen an den Wochenenden reden. Wo könnte ich denn da mitmischen, wenn ich am Wochenende nichts Interessantes erlebe und mir sonst keine Hobbies leisten kann.

Ich könnte höchstens ein Lied davon singen, wie meine Familie sich über Wasser hält und mit welchen Schwierigkeiten man als Gastarbeiterfamilie konfrontiert wird. Außerdem glaube ich kaum, daß einer meiner Freunde sich für die Aufgaben eines Gastarbeiterkindes in der Familie interessiert. Als Gastarbeiterkind hat man nämlich kein Recht darauf, ein Kind zu sein; man ist mehr als ein Kind. Man wird schon im Kindesalter wie ein Erwachsener behandelt. Ich mußte zum Beispiel immer den „Papierkrieg“, den mein Vater hätte erledigen müssen, bewältigen. Außerdem mußte ich meine Eltern bei allen Arztbesuchen begleiten, weil sie sich nicht perfekt ausdrücken können, obwohl sie die deutsche Sprache verstehen.

Es gibt so viele Probleme im Leben eines Gastarbeiterkindes, die es selbständig bewältigen muß, doch am Ende ist man lange nicht so selbständig wie ein deutsches Kind. Ich mit meinen 20 Jahren darf mich lange nicht so selbständig bewegen wie meine deutschen Freunde. Die Mentalität meiner Eltern erlaubt mir zum Beispiel nicht, an Kurstreffen, die abends stattfinden, teilzunehmen oder auf Klassenfahrten zu gehen. Auch kann ich mich nicht einfach mit meiner Freundin am Wochenende in eine Eisdiele setzen, ins Kino gehen oder auch nur einfach in der Stadt bummeln. Ich muß für jede Minute, die ich auswärts verbringe, Rechenschaft geben. Das Leben einer Türkin ist hart; aber ich bin stolz, Türkin zu sein.

Manchmal ertappe ich mich selber dabei, daß ich wie eine Deutsche handle. Aber es gibt auch oft Situationen, wo ich mir sage, jetzt denkst du wie deine Mutter. So lebe ich zwischen zwei Welten – und zwar sieben Stunden in der deutschen und sieben in der türkischen. In Wahrheit identifiziere ich mich mit keiner dieser beiden Welten; vielmehr komme ich mir heimatlos vor.

In den übrigen zehn Stunden meines Alltags beschäftigt mich meine Zukunft. Ich zerbreche mir den Kopf, was aus mir werden soll, wenn ich nun in der 13. Klasse weiterhin schlechte Noten erziele. Werde ich das Abitur schaffen? Komme ich auf eine gute Universität? Vor allem frage ich mich, was ich studieren soll.

Ich könnte Kunstgeschichte studieren; denn Kunst liegt mir am meisten. Oder soll ich lieber das Studium der Architektur wählen? War ich denn nicht schon als Kind vom Schaffen der Architekten fasziniert gewesen? Modedesignerin würde mir liegen; ich habe schon einmal einen Styling-Wettbewerb gewonnen.

Aber wieso wollte ich dann in der 11. Klasse unbedingt mit Latein anfangen, wenn ich später beruflich nichts mit Latein zu tun haben soll? Biologie liegt mir auch sehr, vielmehr lag sie mir sehr, denn im Moment zeigen meine Leistungsklausuren etwas anderes. Ich kann mich vorbereiten, wie ich will, am Ende kriege ich doch eine Fünf. Es mag nun so klingen, als ob ich aufgeben würde; aber ich lasse den Kopf schon nicht hängen. Ich werde kämpfen um mein Recht, wie es sich für ein Stier-Mädchen gehört.

Schließlich habe ich in der Türkei im Urlaub erkannt, daß ich genausoviel wert bin wie meine gleichaltrige Freundin, die zur Zeit in Ankara Mikrobiologie studiert. Ich muß halt die Ungerechtigkeit einstecken, die mir in meinem Leben widerfährt. Bei einem Gespräch mit meiner Freundin, der Biologiestudentin, hatte sich nämlich herausgestellt, daß ich mit meinen schlechten Noten bessere Kenntnisse in Biologie aufwies als sie, die schon im vierten Semester studiert.

Ich bin erleichtert, weil ich mir alles von der Seele schreiben durfte. Im übrigen bleibe ich – anonym.

„Weh dem, der keine Heimat hat."
(Friedrich Nietzsche)

Helmut Zöpfl

Heimat als Gabe und Aufgabe

Es ist bekanntlich so, daß man sich einer Person, einer Sache oder einer Idee vor allem dann erinnert, wenn diese bedroht ist oder sich zu entziehen scheint. Heimat ist nach Jahren, in denen der Begriff ein Kümmerdasein führte, wieder stärker denn je ins Bewußtsein geraten. Zwar hat sie in der Nachkriegszeit eine große Rolle gespielt, nicht zuletzt durch die Schrecken und Wirrnisse des Krieges, durch die viele ihre Heimat verloren hatten. Das Glück, Heimat zu haben, fand seinen Ausdruck in der Literatur, aber auch in den Heimatfilmen, die allerdings da und dort das Prädikat süßlich, kitschig, sentimental erhielten. Im sicheren Gefühl des Habens geriet der Heimatbegriff auch im Schulischen in Vergessenheit. Die neue Sachlichkeit trat an seine Stelle. Der Heimatkundeunterricht wurde zum Sachunterricht, weil das wissenschaftlicher klang als das emotional geladene Wort Heimat. Gewiß ist es nicht leicht, Heimat zu definieren und zu sagen, was sie im Detail sei. Um einem Begriff näherzukommen, ist es aber oft aufschlußreich, einfach Assoziationen zu sammeln, die Menschen mit einem Wort entwickeln. Wir haben das getan und die Frage gestellt: „Woran denken Sie, wenn Sie das Wort *Heimat* hören?"

Aus der Vielzahl von Antworten, die wir bekommen haben, versuche ich einige, immer wieder genannte Gesichtspunkte als Kennzeichen von Heimat herauszustellen. Da ist zunächst einmal der *Ort,* an dem man geboren wurde, an dem man lebt; der Ort, an dem vielleicht schon unsere Vorfahren gewohnt haben oder auch jener Ort, von dem man vertrieben wurde. Die erste, aber auch die zweite Heimat wird genannt. Manche wollen diesen Ort aber auch nicht näher fixiert wissen. Sie sagen: Heimat läßt sich nicht ganz genau auf einige Kilometer festlegen. So nennt man sogar als größere Heimat unseren Heimatstern Erde.

Das zweite ist dann die *Sprache*, die gemeinsame Sprache, die man miteinander spricht, aber überhaupt, daß man miteinander redet, sich ausspricht, die Sprache, in der wir unsere Gefühle ausdrücken können, sagen können, was uns am Herzen liegt.

Das geht dann auch in den dritten Gesichtspunkt über, die *Kultur*. Da ist das Brauchtum, die Tradition, das in früheren Zeiten von unseren Ahnen Gestaltete, für unseren Bereich Eigentümliche, das uns auch heute noch anspricht, das auch heute noch Bedeutung hat, aber auch etwas, auf dem wir aufbauen können. Dazu kann man außerdem unsere Normen, unsere Umgangsformen, ja sogar Gewohnheiten nennen, die einem vertraut sind, in denen man sich zu Hause fühlt.

Das vierte sind dann selbstverständlich, eng verbunden mit den vorher genannten Gesichtspunkten, die *Menschen*, die uns Heimat ausmachen. Ich erinnere mich an dieser Stelle immer wieder an mein erstes Landschulpraktikum, bei dem ich auf die Frage: „Woran denkst du, wenn du das Wort Heimat hörst?“ von einem Drittkläßler die in etwas exotischer Orthographie geschriebene Antwort: „an unseren Knecht“ bekam. Auf meine Nachfragen beim Klassenlehrer erhielt ich die Auskunft, daß diese so sonderbar klingende Antwort eigentlich eine sehr tiefgehende war. Die Ehe der Eltern des Buben war zerrüttet, und Geborgenheit erfuhr er eigentlich nur noch im Haus des Knechtes. Heimat, das sind Menschen, die einem das Gefühl der Geborgenheit geben, die einen mögen, aber auch Menschen, die man mag, Menschen, die sich verstehen, die zueinander halten.

Heimat ist schließlich als fünftes Element aber auch die *Zeit*, in der wir leben, unsere Gegenwart, unsere Epoche. Eine große bayerische Zeitung stellt seit Jahren an prominente Zeitgenossen die Frage, in welcher Zeit sie am liebsten leben würden, und erhält fast von allen die Auskunft: In unserer Zeit.

Heimat ist dann schließlich, alle genannten Aspekte gleichsam zusammenfassend, eine Art *fester Bezugs-*

punkt, etwas, wo man über allem Wandel, seinen Stand haben kann, etwas, auf das man sich verlassen kann. Sie ist ein uns gemeinsam Bindendes, etwas uns Überantwortetes, vor dem wir also auch Verantwortung tragen, sie ist aber auch gleichzeitig Ziel und Erfüllung.

In unserer Zeit, da die Begriffe Unbehaustheit, Entfremdung, Heimatlosigkeit Schlagworte geworden sind, stellt sich die Frage, ob Heimat sich nicht in einer Krise befindet. Im folgenden gehe ich anhand der aufgezeigten Bestimmungsmerkmale dieser Frage nach.

Der Ort

Durch Zerstörung der Heimat, durch Vertreibung ist der Heimatverlust in den letzten Jahrzehnten zu einer in diesem Ausmaß noch nie gekannten Wirklichkeit geworden. Hinzu kommen aber andere Entwicklungen: Da ist die Mobilität des Menschen, die durch wirtschaftliche Veränderungen hervorgerufen wird, wie z. B. die Landflucht. Bedacht sei ebenfalls, daß Heimat aufgrund verschiedenartiger Einflüsse immer mehr an Wert verloren hat, nicht zuletzt durch die moderne Kommunikationsgesellschaft. Man denke nur an unsere „Reisegesellschaft“. Bevor man seine nähere Heimat kennenlernt, hat man möglicherweise eine Vielzahl ferner Länder bereits gesehen. Das gilt vor allem auch für unsere Kinder, die mit ihren Eltern in den Ferien in die entlegensten Teile dieser Welt fliegen, ohne die nähere Umgebung erwandert, erfahren, erlebt zu haben.

Der Ort Heimat ist aber auch in Bedrängnis geraten durch die Umweltgefährdung, durch die Naturzerstörung des Menschen in unserer Zeit. Heimat wird sehr häufig erfahren als etwas, was nicht mehr in Ordnung ist. Bevor man das Schöne und Großartige der Natur unserer Heimat kennengelernt hat, erscheint es bereits in negativen Schlagzeilen als etwas Krankes oder bereits Zerstörtes. Selbstverständlich ist es notwendig, auf diese Gefahren hinzuweisen, es stellt sich aber die Frage, ob Kinder nicht zunächst einmal ein positives Heimat- und Umweltbewußtsein bräuchten, das Schöne und Schützenswerte zunächst kennengelernt, erlebt haben müßten, um sich engagiert gegen die Formen der Zerstörung stellen zu können. Wenn gerade von Kommunikationsgesellschaft die Rede war, dann muß zwangsläufig auch unsere liebste Freizeitbeschäftigung genannt werden: Rundfunk und Fernsehen. Heimat muß mit allen möglichen Sinnen erfahren werden. Autofahrten, in denen man durch die Gegend rast, oder Spaziergänge, auf denen man den Walkman in den Ohren hat, bieten wenig Möglichkeiten zu einem intensiven Erleben der Heimat. Wozu überhaupt die Mühe des Erwanderns auf sich nehmen, wo doch jener magische Kasten zu Hause einem eine Reise in die fernsten und interessantesten Teile dieser Welt ermöglicht, wo man bequem und passiv etwas über sich ergehen lassen kann, ohne selbst gehen zu müssen?

Auch in der Didaktik wurde das bewährte Prinzip, daß man zunächst einmal vom Nahen ausgehen muß, um dann später das Ferne kennenzulernen, durchbrochen mit dem Argument, unsere Kinder würden ohnehin durch die verschiedenen Fernsehsendungen Texas und die Karibik besser kennen als unsere nähere Umgebung. Freilich vergaß man da festzustellen, daß dieses Kennen nur ein kurzes Flimmern im Gedächtnis bedeutet, aber keineswegs verglichen werden kann mit einem Erleben, Erfahren. Besteht nämlich der Wert der Heimat nicht vor allem darin, daß man sich mit einer Sache, mit einem Raum vertraut gemacht hat? Dieses Vertrautmachen erfordert aber bekanntlich eine Menge Zeit. Es sei auch noch ganz kurz auf das Schlagwort des „Weltbürgers" hingewiesen, der überall seine Heimat hat. Auch da gilt: wer überall zu Hause ist, ist nirgendwo zu Hause, er ist allenfalls Allerweltsbürger.

Die Sprache

In unserer Zeit wird immer wieder vom Sprachverfall gesprochen. Auch für diese Erscheinung trägt unsere Medienlandschaft keine geringe Verantwortung. Ich darf hier einige Aspekte herausgreifen. Da ist zunächst einmal die Gefahr der Verfrühung. Vor einigen Jahren wurde als neueste psychologische und pädagogische Erkenntnis das frühe Lesen entdeckt. Kinder, so argumentierte man, sollten die Zeit vor der Schule voll bewußt nützen, und es wäre durchaus möglich, daß Vier- und Fünfjährige schon lesen könnten. Neben anderen Problemen übersah man die Tatsache, daß ein Kind, bevor es den Abstraktionsprozeß des Lesens bestreiten kann, zunächst einmal den Gegenstand, den das Wort bezeichnet, kennengelernt haben sollte. Wer in der Sprache heimisch werden will, muß erst die Verbindung von Wort und Gegenstand erfahren, erlebt haben.

Darüber hinaus ist es notwendig, daß man zunächst einmal miteinander redet, daß man sich in der Sprache versteht, versucht, die Wörter, die man spricht, gemütvoll und gefühlshaft zu erfüllen, damit die Worte nicht leere Phrasen, Worthülsen bleiben. Und schließlich sind die modernen Medien mitverantwortlich dafür, daß die Heimatsprache, die Mundart, immer mehr verwaschen wird oder gar in Vergessenheit gerät. Da sind einmal die Comics mit ihren Sprechblasen-Texten, da ist aber auch die sich so objektiv dünkende Sprache der Rundfunk- und Fernsehsprecher, die aber sehr häufig ein Sprachgeplapper, ein Sprechen ohne Sprachkultur ist. Das Wort verweilt bei keiner Sache, läßt die Sache wiederum nicht vertraut, heimisch werden. Wir leben auch in einer Zeit, in der das Wort und die Sprache zum Code geworden ist. Hat nicht heute die Zahl den Wert der Sprache und der sprachlichen Bildung längst überlagert? Wo Sprache zur reinen Information wird, wo man versucht, möglichste Objektivität der Sprache zu erreichen, hat die Eigenart, das Kantige, die Mundart, der Dialekt immer weniger Möglichkeiten.

Man versteigt sich mitunter sogar zu der Feststellung, daß Mundart die Deutschnote in Gefahr bringen und die Bildungschancen mildern könne, vergißt dabei aber, daß wohl alle großen Dichter ihre Heimatsprache erfahren, erleben durften, in ihr zu Hause waren, bevor sie mit ihren Werken weltweite Bedeutung erlangten.

Heimat als Kultur

Es würde den Rahmen sprengen, an dieser Stelle auf den gerade heute so problematischen Begriff der Kultur näher einzugehen. Es gehört zu den Merkwürdigkeiten der Pädagogik, daß man zwar unwidersprochen als eine wichtige Aufgabe der Erziehung die Enkulturation bezeichnet, sich aber kaum mehr Gedanken macht, in welche Kultur man überhaupt einführen soll, ja, was Kultur überhaupt ist. Da werden „Kultur"preise vergeben, aber wenn man dann die Verantwortlichen fragt, was sie unter diesem Begriff verstehen, bekommt man lediglich ausweichende Antworten. Das Wort Kultur, vom lateinischen *colere,* bebauen, pflegen, kommend, hat Hugo von Hoffmannsthal so definiert: „Zu wissen, was einen angeht, und zu wissen, was einen zu wissen angeht."

Ist es nun nicht gerade in unserer Zeit immer schwerer geworden, das zu wissen, was einen angeht? Unsere Maßstäbe, nach denen wir Kultur bemessen, sind fragwürdig geworden. Die Pluralität ist jetzt oberster Maßstab. Wir wissen aber genau, wo das Plurale oberster Richter ist, kann es zu nichts Eigentümlichem, Besonderem, Eigenständigem mehr kommen. Kultur wird immer mehr Weltkultur, verliert aber damit an Gestalt und Aussage. Jeder von uns hat auf einer Reise schon die Erfahrung gemacht, daß er nämlich, wenn er etwas für den jeweiligen Ort Besonderes mitnehmen wollte, im Grunde genommen immer wieder dasselbe entdeckt: maschinell hergestellte Einheitssouvenirs. Wer aber genau hinschaut, entdeckt auf dem Erinnerungsstück, gleich, ob er es in Garmisch, in Gran Canaria, in Griechenland oder Indianapolis gekauft hat, den Stempel „Made in Hongkong". Die Werte „gut", „schön" und „wahr" sind selbstverständlich immer Vorstellungen gewesen, die sich aus dem jeweiligen heimatlichen Kulturkreis ergaben. Da mag die Gefahr der Einseitigkeit gegeben gewesen sein, daß man nur das Eigene als das Schöne ansah. Man hatte aber wenigstens noch eine Vorstellung vom Schönen, man empfand etwas noch als schön. Heute wagt man dieses Wort gar nicht mehr in den Mund zu nehmen, um nicht der Intoleranz bezichtigt zu werden. Kultur lebt aber von diesem Begriff des Schönen, – aber auch des Heiligen, des Verehrungswürdigen. Was verehren wir in unserer Zeit noch, was gilt uns heilig, dort, wo Kulturpreise verteilt werden für Machwerke, die sich als kulturelle Schöpfung lediglich dadurch legitimieren, daß sie Tabus brechen?

Nun wäre es sicher verkehrt zu glauben, man könnte einfach die „alten Werte“ wieder restaurieren. Kultur bedeutet nicht Wiederkäuen von Überkommenem, bedeutet aber auch nicht ein Sich-Abschneiden von der Tradition. Kultur als Pflege ist gleichzeitig ein Bauen, Aufbauen auf dem, was unsere Vorfahren geleistet haben. Heimat-, Brauchtums-, Volksmusikpfleger haben in den letzten Jahren sicher große Verdienste erworben, indem sie das Überkommene bewahrt haben und heute noch in dieser Reinheit pflegen. Problematisch wird es dann, wenn eine Epoche lediglich in dieser Pflege verharrt und sich nicht darauf besinnt, daß jede Zeit ihre Eigentümlichkeit und Besonderheiten hat, daß Kultur nicht etwas Starres, Museales bleiben darf, sondern daß es bei allem Erhaltens- und Bewahrenswertem auch etwas Neues geben darf und muß. Umgekehrt darf dieses Neue aber nicht nur um des Neuen willen da sein, lediglich als eine Form des reinen Negierens des Alten verstanden werden, sondern muß eine konstruktive Suche sein, in der man sich durchaus um persönliche Wertmaßstäbe bemüht, die von der geschichtlichen und heimatlichen Tradition und Gegenwart bestimmt sein sollten. Die Frage aber, was gilt, was galt, was Bedeutung hatte und hat, wie man etwas hält und hielt, ist sicher eine Frage, die mit der Heimat zu tun hat. Sitte und Brauch sind in engster Verbindung zur Heimat zu sehen. Sie wird freilich starr und intolerant da, wo man den Begründungszusammenhang nicht mehr sieht, wo man etwas tut, weil man es schon immer so getan hat. Das Heimische kann nicht zu einer letzten Begründung werden, sonst wird es nämlich un-heimlich. Insofern sehe ich manchen Restaurationsvorhaben mit gemischten Gefühlen entgegen. Konservativismus ist nämlich dort verfehlt, wo man etwas unsinnig Gewordenes mit Gewalt zu bewahren versucht und verhindert, daß man von einem unhaltbaren Zustand zu einem besseren übergeht. Umgekehrt ist freilich das reine Fortschreiten von etwas Sinnvollem zu etwas Unsinnigem nur um des Fortschreitens willen genauso töricht.

Hans Sedlmayr hat vor Jahren im Zusammenhang mit Kunst und Kultur den „Verlust der Mitte“ beklagt. Es wäre ein unmögliches Unterfangen, diese heimatliche Mitte wiedergewinnen zu wollen. Wichtig scheint mir jedoch die Aufforderung, daß wir uns darüber Gedanken machen, wo wir noch Halt finden, von welchem heimatlichen Standpunkt wir noch ausgehen können, was uns als vertrauenswürdig erscheint und was wir als Geborgenheit und Vertrauen weitergeben wollen.

Die Menschen

Heimat ist der Ort, wo Menschen sind, die uns mögen und die wir mögen, sagten wir. Max Frisch meint: „Heimat ist der Mensch, dessen Wesen wir vernehmen und erreichen." Und Christian Morgenstern stellt fest: „Nicht da ist man daheim, wo man seinen Wohnsitz hat, sondern wo man verstanden wird."

Nun ist zweifelsohne eines unserer großen Gegenwartsprobleme, wie schon erwähnt, das der Kommunikation. Das gilt vor allem für die großen Ballungsräume, für die Wohnsilos, in denen einer den anderen nicht mehr kennt, wo man sich verloren vorkommt und auch in seiner räumlichen Heimat in der Fremde ist. Wir reden nicht mehr miteinander, weil wir keine Zeit mehr für den anderen haben, deshalb kennen wir den Nachbarn auch nicht mehr, haben keine Möglichkeit, ihn zu erleben, ihn kennenzulernen. Man kennt zwar alle Akteure von Dallas und Denver, unseren Nächsten aber kennen wir kaum mehr mit seinem Namen. Wir sind immer weniger in der Lage, Familie zu erleben. Heimat ist nicht zuletzt Familie, die Krise der Familie ist auch eine Krise der Heimat.

Die Zeit

Heimat, so sagten wir, bedeutet, daß man sich auch in einer Zeit, in unserer Zeit, zu Hause fühlt, daß man trotz aller nostalgischen Anflüge die Gegenwart annimmt. Es ist nichts Neues, daß man die Vergangenheit glorifiziert, umsonst gilt nicht das schöne Wort: „Es ist erstaunlich, wie schnell aus einer miesen Gegenwart die gute alte Zeit wird." Um die Gegenwart als heimatliche Zeit zu erfahren, ist es nun notwendig, daß wir auch einmal das Positive unserer Zeit kennenlernen. Es gehört heute aber fast schon zum guten Ton, nur mehr zu kritisieren, nur das Negative herauszustellen und unsere Zeit als eine Ära zu bezeichnen, die voller Ängste steckt. Vielleicht liegt es aber auch daran, daß wir in unserer Zeit immer weniger heimisch werden, daß wir uns zu wenig Zeit für die Zeit nehmen. „Der Mensch, der keine Zeit hat, kann schwerlich Glück haben", sagt Ernst Jünger. In einer Zeit, in der die Zeit den Namen Tempo, Streß, Hektik trägt, fällt es schwer, heimisch zu werden, sich mit etwas vertraut zu machen oder gar hinter die Zeit zu blicken.

Im folgenden will ich versuchen, in dieser Unsicherheit der Heimat einige Wege aufzuzeigen, die uns dazu verhelfen können, daß uns Erde wieder mehr zur Heimat wird. Lassen Sie mich mit einer anthropologischen Feststellung beginnen. Heimat ist nicht einfach gegeben, sie wird ständig neu, und wir müssen sie uns auch erwerben. Nietzsche sagt: „Von dem, was du erkennen und messen willst, mußt du Abschied nehmen, wenigstens eine Zeit. Erst wenn du die Stadt verlassen hast, siehst du, wie hoch sich ihre Türme über die Häuser heben".

Ich spreche von dem Vergleich unseres Daseins mit dem Wandern. Heimat erschließt sich vor allem dadurch, daß man auch das Fremde kennengelernt hat. Wir erleben es nicht zuletzt bei unseren Flüchtlingen, die gerade in ihrer Ferne von der Heimat dieses Wort öfter gebrauchen als diejenigen, denen die Heimat ohne jede Gefährdung selbstverständlich geworden ist. Heimat ist nicht nur Gegebenheit, sondern auch Aufgabe. Das schließt ein, daß die Grenze zwischen Heimat und Fremde variabel sein kann. „Es ist einleuchtend, daß in einem Zeitalter, das Entfernungen kaum in Rechnung zu stellen braucht, der Umkreis des Heimatlichen ein größerer sein mag als in einer Welt, die an den Aktionsradius höchstens des Reiters gebunden war. Vielleicht ist uns Heutigen bis zu einem gewissen Grad wirklich Europa heimatliche Erde ... Vielleicht können wir auch von einer engeren und einer weiteren Heimat sprechen, sofern nur das Eigentliche bleibt, daß nämlich der Mensch in ihrem Bereich unmittelbar ein

Haltendes verspürt, so wie es doch wohl auch der Simon auf dem Wasser erfährt und der Flieger in der Luft. Heimatlosigkeit wäre also von hier aus, im Blick auf all die angerührten Bindungsmöglichkeiten, die Unvertrautheit des Menschen mit seiner Welt ... Heimatlos wäre, wer weder die Nähe noch die Sehnsucht nach der Heimat mehr zu spüren vermöchte. Die heimatliche Welt ist immer da. Der Mensch muß nur seine Augen und sein Herz offenhalten." (Hinrich Knittermeyer, Grundgegebenheiten des menschlichen Daseins, 1963)

Ein Weg zur Heimat beginnt sicher da, wo man seine Umwelt wieder bewußter erfährt und erlebt. Heimaterziehung kann nicht beginnen mit einer Erziehung zur ganzen Welt. Sie beginnt in den erfahrbaren, erlebbaren Bezügen in unserer Nähe. Nur wer mit sich und seiner unmittelbaren Umwelt zurechtzukommen versucht, wird auch in weiteren Bereichen wirken können. Bloß in dieser überschaubaren und erlebbaren Welt kann ich erfahren, was wesentlich und wichtig ist, worum es im Leben immer wieder geht. Das kleine Glück, lieben und geliebt werden, Freude und Traurigkeit, aber auch Hoffnung und Vertrauen auf das Gute. Der nationale und internationale Umweltschutz fängt mit der Verantwortung für unsere nächste heimatliche Umwelt an. Die Liebe zu der ganzen Menschheit beginnt mit der Frage nach dem Nächsten. Der Nächste ist aber derjenige, der uns braucht, den wir brauchen. Erziehung zur Heimat beginnt dort, wo wir die Dinge, die Sachen, die Menschen kennen, kennenlernen, erleben, erfahren, wo wir sie beim Namen kennen, aber nicht in dem Sinne einer bloßen Aufzählung, sondern so, daß wir uns wieder angesprochen fühlen. Erziehung zur Heimat heißt, daß wir uns darauf besinnen, Heimat als Ganzes mit allen Sinnen zu erfühlen. Das bedeutet dann, daß wir nicht nur biologisches Wissen ansammeln, sondern erkennen, daß unsere Heimat lebt. Auch die Erfahrung der heimatlichen Kultur darf sich nicht auf museales Besichtigen beschränken. Kultur muß mehr denn je als etwas Lebendiges begriffen werden.

Auf der anderen Seite als etwas Verpflichtendes, uns Aufgegebenes, als etwas, das weitergeht. So schön es sein mag, Volksgut zu hegen und zu pflegen, sollten wir doch auch erkennen, daß es Freuden, aber auch Probleme unserer gegenwärtigen Zeit gibt, die in eine gestaltete Form zu bringen sind, daß Volksdichtung und Volksmusik nicht etwas Totes sind, sondern einer Weitergestaltung harren. Auch die Natur sollten wir nicht einfach als etwas Vorgegebenes betrachten. Die beste Umwelterziehung geschieht meines Erachtes da, wo sich der Mensch verantwortlich für die Natur sieht, wo er Leben in seiner Großartigkeit auch im Kleinen erfährt, wo Natur wieder sichtbar wird als das große Wunder des Lebens, als Geschenk der Schöpfung. Wenn Bildung Orientierung des ganzen Menschen im Ganzen des Seins ist, dann bedeutet das zunächst einmal, daß man weiß, wo man seinen Weg in die Welt beginnt, daß man sich über seinen Standort klar wird. Dazu gehört ebenfalls, daß wir uns die entscheidende Frage nach unserem letzten Halt und Sinn stellen, nach dem, was wir glauben, hoffen und was wir tun können. Heimaterziehung ist immer etwas Lebendiges. Jeder muß sich auf die Suche nach seiner Heimat begeben, seiner Heimat an dem ihm gegebenen Ort und zu der ihm zugeteilten Zeit. Heimaterziehung ist Erziehung zu Geschichte und Tradition, aber auch zu einem verantwortlichen Gestalten der Gegenwart und der Zukunft, letztlich Erziehung zu einem Vertrauen, daß alles seinen Sinn hat.

Autorenverzeichnis

Bienek, Horst, geboren 1930 in Gleiwitz, Schlesien. In München lebender Schriftsteller, der in all seinen Büchern seine verlorene Heimat thematisiert. Der hier abgedruckte Text ist ein Auszug aus seinem Buch „Reise in die Kindheit. Wiedersehen mit Schlesien". ©1988 Carl Hanser Verlag München Wien

Flemmer, Walter, Dr. phil., geboren 1936 in München. Programmchef für Kultur und Familie beim Bayerischen Fernsehen. Autor zahlreicher Sach-, Kinder- und belletristischer Bücher

Frühwald, Wolfgang, Prof. Dr. phil., geboren 1935 in Augsburg. Ordentlicher Professor für Neuere deutsche Literaturgeschichte an der Universität München, Vizepräsident der Universität. Herausgeber textkritischer Werkausgaben, Autor mehrerer literatur- und sprachwissenschaftlicher Gesamtdarstellungen, Aufsätze und Essays

Glaser, Theodor, geboren 1932 in Bayreuth. 1971 bis 1977 Dekan, seit 1977 Oberkirchenrat von München. Von 1980 an ständiger Vertreter des Landesbischofs und Personalreferent der Evangelisch-Lutherischen Landeskirche in Bayern. Zahlreiche Buchveröffentlichungen

Glück, Alois, geboren 1940 in Hörzing, Landkreis Traunstein. Mitglied des Bayerischen Landtages seit 1970; Staatssekretär im Bayerischen Staatsministerium für Landesentwicklung und Umweltfragen von Ende 1986 bis Juni 1988, seither Fraktionsvorsitzender der CSU

Hanes, Monika, geboren 1943 in Bukarest, Diplom-Philologin. Mitte der siebziger Jahre Arbeitsverbot wegen Ausreiseantrags, 1978 Übersiedlung mit der Familie in die Bundesrepublik Deutschland. Seit vier Jahren Bibliothekarin an einem Gymnasium in Bayern

Mann, Golo, Prof. Dr. phil., geboren 1909 in München. Historiker und Publizist; veröffentlichte Biographien, zeitgeschichtliche Gesamtdarstellungen und Essays. Seit 1963 Mitherausgeber der „Neuen Rundschau", Mitarbeiter der „Propyläen-Weltgeschichte"

Matiasek, Hellmuth, Prof. Dr. phil., geboren 1931 in Wien, zwischen 1962 und 1983 Intendant bzw. Generalintendant des Landestheaters Salzburg, des Staatstheaters Braunschweig, der Wuppertaler Bühnen; seit 1983 Intendant des Staatstheaters am Gärtnerplatz in München. Professor an der Musikhochschule für die Opernklasse, München

Neubauer, Franz, geboren 1930 in Marienbad im Egerland (Sudetenland). 1977 Staatssekretär im bayerischen Justizministerium, von 1978 bis 1984 im Innenministerium; 1984 bis 1986 Bayerischer Staatsminister für Arbeit und Sozialordnung; seit 1987 Präsident des Bayerischen Sparkassen- und Giroverbandes. Mitglied des Bundesvorstands der Sudetendeutschen Landsmannschaft, von 1982 an Sprecher der gesamten sudetendeutschen Volksgruppe

Rattelmüller, Paul Ernst, geboren 1924 in Regensburg. Von 1973 bis 1989 Bezirksheimatpfleger von Oberbayern. Zahlreiche Veröffentlichungen zu kulturhistorischen Themen seiner Heimat; Graphiker und Autor von Hörbildern

Schramm, Godehard, geboren 1943 in Konstanz, lebt heute als freier Schriftsteller und Übersetzer russischer Literatur in Nürnberg. Neben der Veröffentlichung von Gedicht- und Prosabänden Reisebücher, Libretti und ein Roman, Herausgeber einer Anthologie zur „russischen Seele"

Streibl, Max, Dr. h.c., geboren 1932 in Oberammergau. Seit 1962 Mitglied des Bayerischen Landtages, 1967 bis 1970 Generalsekretär der CSU, von 1970 bis 1977 Staatsminister für Landesentwicklung und Umweltfragen, von 1977 an Staatsminister der Finanzen, seit Oktober 1988 Bayerischer Ministerpräsident

Wetter, Friedrich, Prof. Dr. theol., geboren 1928 in Landau/Pfalz. Von 1962 bis 1967 Dozent und Professor an der Philosophisch-Theologischen Hochschule in

Eichstätt, 1967 bis 1968 Professor an der Universität Mainz, 1968 Bischof von Speyer; 1982 Erzbischof von München und Freising, 1985 Berufung zum Kardinal

Woinowitsch, Wladimir, geboren 1932 in Duschanbe, Tadshikistan (UdSSR). Von 1956 bis 1980 „freier" Schriftsteller in der Sowjetunion. Dem Ausschluß aus dem Schriftstellerverband 1974 folgte dann 1980 die unfreiwillige Emigration in die Bundesrepublik Deutschland. Autor einer ganzen Reihe von satirischen Romanen und Erzählungen

Zehetmair, Hans, geboren 1936 in Langengeisling bei Erding. Von 1964 bis 1974 Gymnasiallehrer, Mitglied des Bayerischen Landtages von 1974 bis 1978, 1978 bis 1984 Landrat von Erding. Seit 1986 Bayerischer Staatsminister für Unterricht und Kultus, seit Juni 1989 auch für Wissenschaft und Kunst

Zöpfl, Helmut, Prof. Dr. phil., geboren 1937 in München. Seit 1971 Inhaber des Lehrstuhls für Schulpädagogik an der Universität München. Neben der Veröffentlichung zahlreicher Fachbücher Publikation einer Vielzahl von Büchern zu Lebens- und Sinnfragen, Satiren und von Gedichtbänden

Der Abdruck des Beitrages einer jungen Türkin, *„Leben zwischen zwei Welten"*, erfolgte mit freundlicher Genehmigung der Frankfurter Allgemeinen Zeitung.